编 委 会

组织编写：北京大学招生办公室

顾　　问：初育国　刘明利

主　　编：秦春华

副主编：舒忠飞　王亚章　林　莉

　　　　　卿　婧　易　昕　熊光辉

玩儿好也加分

——32名北大新生谈怎样兼顾学业和兴趣爱好

秦春华 主编

北京大学出版社
PEKING UNIVERSITY PRESS

图书在版编目(CIP)数据

玩好也加分：32 名北大新生谈怎样兼顾学业和兴趣爱好/秦春华主编 . —北京：北京大学出版社，2013.9

（梦想北大丛书）

ISBN 978-7-301-22885-2

Ⅰ.①玩…　Ⅱ.①秦…　Ⅲ.①中学生—学生生活—文集　②中学生—学习方法—文集　Ⅳ.①G635.5-53

中国版本图书馆 CIP 数据核字(2013)第 164943 号

书　　　　名：玩好也加分——32 名北大新生谈怎样兼顾学业和兴趣爱好
著作责任者：秦春华　主编
责 任 编 辑：王慧馨
标 准 书 号：ISBN 978-7-301-22885-2/G・3668
出 版 发 行：北京大学出版社
地　　　　址：北京市海淀区成府路 205 号　　　100871
网　　　　址：http://www. pup. cn　　　新浪官方微博：@北京大学出版社
电 子 信 箱：zyjy@pup. cn
电　　　　话：邮购部 62752015　　发行部 62750672
　　　　　　　编辑部 62756923　　出版部 62754962
印　　刷　　者：北京大学印刷厂
经　　销　　者：新华书店
　　　　　　　650 毫米×980 毫米　16 开本　15 印张　180 千字
　　　　　　　2013 年 9 月第 1 版　2013 年 9 月第 1 次印刷
定　　　　价：28.00 元

序

北京大学校长　王恩哥

北京大学创建于 1898 年。作为我国近代建立的第一所国立综合性大学，北京大学始终与国家民族的命运紧密相连。从"百日维新"孕育的京师大学堂到位列当今世界名校"50 强"，从"五四"新文化运动的呐喊到"团结起来，振兴中华"的时代强音，从最早传播马克思主义、中国共产党的创立到"小平您好"的问候，从高擎民主与科学的火炬到始终坚持"实践是检验真理的唯一标准"，一个多世纪以来，北京大学始终是中国思想文化领域的引领者，是代表"爱国、进步、民主、科学"的一面旗帜。胸怀家国天下的北大人，总是向着"好的，向上的方向"奋斗，为民族的独立与解放、国家的振兴与发展、社会的文明与进步作出了不可替代的贡献。这些贡献使北大远远超越了一所高等学府的有形存在，成为无数青年学子和现代人文学者、科学家所向往并依恋的精神家园。这种文化的向心力和精神的魅力，历久弥新，必将继续影响当代中国社会的进程和发展。

作为人类智慧和知识产生、汇集和传播的场所，大学承载着人才培养、科学研究、社会服务和文化传承创新等重要使命。大学之所以成为大学，最根本的就在于她具有穿越时空的精神力量和文化价值。大学精神的影响，不仅局限于校园之内，更有助于生成和塑造一个民族的精神内核和文化品格。一个优秀的民族，必然拥有能够体现本民族文化精髓的一流大学；一个强大的国家，必然拥有能够代表本国先进生产力的著名学府。文脉即国脉，古今中外，概莫能外。

当今世界，国家与国家之间的竞争，越来越多地体现在其所拥有的顶尖大学之间的较量。一所杰出的、一流的大学，其宏大而明确的抱负，就是要在知识的各个主要领域达至卓越，并以其源源不断的杰出人才保持和延续这种竞争力。如今，以北京大学为代表的一批中国高校，在创建世界一流大学的道路上已经迈出了坚实的步伐。截至目前，北京大学已有 18 个学科进入全球学术和科研机构的前 1%，学科实力、科研水平和教育教学质量总体达到了世界先进水平。

我们一刻不停地在努力，并且永不止步地追求更高更远的目标。北大人也充满了自信和期待：有朝一日，当北京大学的学者以其杰出的学术成就赢得国内外同行发自内心的尊敬；当北京大学的学生在世界任何一个地方就职都能以其实力赢得肯定和信任；当北京大学在过去与未来解决了国际前沿、国家急需的重大问题，并起到创新人类文明、引领社会发展的作用；当提到"北大"两个字时，我们的师生、校友，我们的同行、朋友，世界各地熟知或不熟知我们的人都能发自内心地肃然起敬。那时的北京大学，应当就是当之无愧的世界一流。这是北京大学奋力前行的目标，也是新的时代赋予北大义不容辞的历史担当。

"中国梦"是中华民族的共同梦想，"中国梦"也是由我们每个人、每个群体一个个梦想所组成。北京大学将是同学们圆梦的理想地方——你们将在这里接受最好的本科教育，你们的个性将得到最充分的尊重，你们的才华将在最广阔的舞台上得到展现。一个人要有梦想，一所大学也要有梦想。在北京大学这个追求思想自由的地方，这个精神与文化的圣地，我们每个人的梦想可能各不相同，但在所有这些梦想中，我们都有一个共同的愿望——那就是希望北京大学的明天更加美好。这个"北大梦"将激励着我们戮力同心、不懈努力。

亲爱的同学们，金秋九月，一段精彩的大学时光在等待着你们。我真诚地欢迎你们加入北大人的行列！让我们从燕园起步，共同为实现伟大的"北大梦"、"中国梦"作出自己无愧于历史的贡献！

北京大学校长

中国科学院院士

发展中国家科学院院士

2013 年 4 月

目　录

Contents

　　或许，正是这份坚持，让我在课内学习和个人爱好之间游刃有余。而且我认为，个人爱好与课内学习并无冲突，个人爱好可以作为释放和缓解压力的一种途径。同时，爱好可以辅助学习。例如，我在练习书法的同时记诵了不少古诗词，了解了不少古人的奇闻轶事，对语文学习起到莫大帮助；自学PS的过程中，我对电脑信息技术的认识更深一层；在享受音乐的同时锻炼听力；在看美剧的同时了解异域文化……寓教于乐的方式让我的学习倍感轻松。

　　"乐之者"是学好一样东西的最佳状态，这时也许不能说是学而是享受了。一个人如果不能在学习上得到自己想要的满足感，就会想去别处寻找。爱好是一种有力的强心剂，在你失望或无助的时候是一种支撑，从而给你走下去的信心和动力。生活中除了学习，我们需要另一样可以热爱的东西，让它将我们消磨在书本里的激情和活力寻找回来。

　　如果说学习是主食，那么课外活动与爱好就是菜和汤，光吃主食的确可以充饥，不过要健康成长绝对少不了菜和汤。同时，不同学科是不同的主食，馒头与米饭同样重要，偏科是万万要不得的。再来说菜和汤，有一个爱好是一件幸福的事，尤其当这个爱好伴你走过了很长时间，成为了你一生的精神寄托。

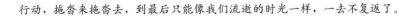

行动，拖沓来拖沓去，到最后只能像我们流逝的时光一样，一去不复返了。

会因此错过很多美好和值得回忆的事，从而留下遗憾。

把学生当作一种职业

参加各方面的活动与管理班级事务同样重要，如果处理得当，这些活动与事务不仅不会耽误学习，反而会对学习起到推进作用。更重要的是，在学校中我们收获的不仅应是知识，还应该是为人处世的道理，而这些活动就可以帮助我们。

"E学生"成长之路

我的论文绝对原创。我总是很重视这项活动。别的同学基本都忙着写重复性的暑假作业，论文多半是从网上搜点材料一抄了事；我则会腾出将近十天的时间用在做自己的研究上，而暑假作业的题我早就做得滚瓜烂熟了。

回首向来萧瑟处

学校有许多社团，还有许多大社团会举办大型活动。除了社团活动，还有音乐会、旧书义卖、学生百家讲坛，以及各种有意思的讲座，只要没有很重要的事，我都会去看看。作业每天都能写，但不少活动一旦错过可能就再也没有了。

追寻自己的舞台

实际上我的日语学习，也是在喜欢动漫之后开始的，每天大概抽出半个小时的时间，毫无压力地学完了《标准日本语》。除了《标准日本语》的听说读写，平时看动漫无意识地也会加强听力，抄歌词的过程中也记住了许多生字。

应试教育？素质教育？孰是孰非？

所谓实践是认识的源泉和归宿，此言不虚。许多知识，如果我们在课本、在试卷上见到它们，它们也许只是几个文字、几张图表，总之是没有什么切身体验的东西。但如果我们惊喜地发现，这个知识原来就在我们生活中，我们用得着，曾用过甚至经常用，只是不自觉，那我们对它便会有一种崭新的理解，兴趣也会油然而生。

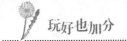

我相信，只要自己飞过，天空中一定会有我的痕迹；我相信，"在人生的某个时候，我们失去了对自己生活的掌控，命运主宰了我们的人生，这是世界上最大的谎言"。平凡的世界里，我也能做不平凡的自己。

　　我的笔记做得十分工整，保证自己对每一个知识点都能掌握；每一道题我都认真去做；我的草稿纸上的内容和试卷上一样工整以确保运算无误；每一次考试前我都会对自己说，我最棒，我是第一名。

用双手照亮梦想

　　或许，正是这份坚持，让我在课内学习和个人爱好之间游刃有余。而且我认为，个人爱好与课内学习并无冲突，个人爱好可以作为释放和缓解压力的一种途径。同时，爱好可以辅助学习。例如，我在练习书法的同时记诵了不少古诗词，了解了不少古人的奇闻轶事，对语文学习起到莫大帮助；自学PS的过程中，我对电脑信息技术的认识更深一层；在享受音乐的同时锻炼听力；在看美剧的同时了解异域文化……寓教于乐的方式让我的学习倍感轻松。

姓　　名：瞿斯嘉

录取院系：经济学院

毕业中学：上海市建平中学

　　一路风雨走来，回顾这一艰辛旅程上所经历的点点滴滴，无不感慨。正是这些汗水、坚持使我得以在未名湖畔求学问道。

我的秘籍

　　在十几年的学习中，我也总结了几条较为实用的学习方法，借此分享。第一，学习是循序渐进的，并不需要过分超前学习。常常看到初中生捧着四、六级词汇拼命背着，我个人并不赞同。首先，即使你的学习水平高于他人，你的个人能力与高中生、大学生是有差距的。超前学习不但效果不好也会影响正常的学习进度。就我个人而言，照着正常的步调走，但是不超前而是在现有水平上更深入。例如，在做数学题的时候，不仅仅是做题和总结经验，可以从一些题目中推导出一些书本上没有的定理。其次，学习的主要目的是应用于实际，每一个阶段的学习都符合每个阶段学生的需求。一个高中生就算学习了大学物理，也无法运用于实际，那么就等于白学，但是对于大学生来说，大学物理的学习对他们今后的工作有巨大的帮助。因此，无法用于实际的学习只能充当学问，也容易淡忘。简言之，循序渐进有利于对知识的深入了解和探讨。

第二，用一个小本子以简洁明了的文字记下经常犯错的知识点，代替烦琐的错题集。许多老师都提倡学生制作错题集，以便翻阅。久而久之，这就成了一项雷打不动的作业。错题集也逐渐失去原本的作用，成为众多学生的一项负担。学生为了敷衍而完成的所谓"错题集"也偏离了老师们的初衷。所以，用本子记下常错的知识点并写上注意事项，不仅快速方便，更简洁明了。与错题集相比，这种方法的优点在于对错误的总结。错题集往往列举错题的解题步骤和自己错误的地方，许多题目罗列在一本本子上，缺少实际性的有效总结。题目做了一遍，不可能多次出现一模一样的题目，重要的是掌握此类题目的解题方法，所以简明的总结更为实用。当然，不可否认的是，错题集也确实对很多学生十分有效，但是用本子记下常错的知识点更能有效节省时间。

第三，回归课本。课本上的语言都是最凝练、易懂的，每一道例题都是精挑细选、意味深长的。每一条定义、定理的每一个字都十分重要，往往这些字眼就成为了最主要的元素。课本上的讲解通常会提及该知识点在实际生活中的运用，这对于我们的学习有很大帮助，使我们在学完之后获得一种掌握某项技能的满足感，让我们用更加科学的眼光看待这个世界。

第四，要学会把自己的所学运用于生活中而不是纸上谈兵。比如，利用物理的惯性原理避免生活中的一些小问题，数学的抛物线可以运用于体育运动中，概率可以用来估计某些事件发生的可能性……我们所学的知识若只是为了应付考试，那么知识便没有了用武之地，更何况，我们学习知识的主要目的就是将知识运用于实际。纸上谈兵终究抵不过实战，所以实践是十分重要的。实践不仅是对知识掌握度的检验，更能让人深刻理解它的含义。

❀ 我的坚强后盾

除了自身的努力，我的成功也离不开老师和家长对我的支持和教育。老师们的循循善诱让我受益颇多，他们用心的教学让我感动。记得小学数学老师常用简单的儿歌教我们记忆那些生涩的定理；记得初中历史老师常常给我们看她珍藏的老电影，让我们对那些烽火连天的岁月有了更直观的认识；记得高中物理老师总爱用他的"惨痛教训"告诉我们生活中处处是物理学……那些自制的简易模型、那一个个高智商的冷笑话、那一句句绕口令……那些可爱可敬的老师们用自己独特的方法教给我们知识，同时又在寓教于乐的环境中告诉我们做人的道理。

父母的付出也功不可没。在他们的"放任主义"下，我的成长可以说是自由却又不逾矩。小时候，我识字总是比同龄人慢，父母并不总是逼着我去识字，而是在我玩耍时教我识字。小学二年级开始，父母便不再检查我的作业，只是在我的作业本上被打上红叉之后监督我订正。对于考试，父母一直都十分淡然，并不会像许多家长那样问东问西，只是在吃饭时简单询问一句。对于考试成绩，父母常常是让我自己直面现实，不会责骂，只是在我失利时与我一起分析错误原因，给予我鼓励。父母一直让我养成独立学习的习惯，相信自己的能力，让我自己做出选择。他们的默默支持也给了我很大动力，在备战高考的时间里，他们为

了减轻我的负担，认真地研究了填报志愿的流程和注意事项，以及一些学校的情况，让我在填报志愿的时候倍感轻松。关于我自己对未来的选择，他们与许多父母一样，有担忧也有彷徨，但更多的是鼓励，以及和我探讨未来的发展方向，给我建议。

所以，老师和父母是我的坚强后盾，为我保驾护航，塑造了今天的我。

❀ 我的娱乐活动

父母的"放任主义"也造就了我张弛有度的学习习惯。不喜欢做书呆子的我也与大部分女生一样爱逛街购物。考试结束后的休息日，我常常和三五好友去购物、K歌。偶尔的放纵可以缓解身心疲惫，也是一个与朋友沟通感情的契机。

书法也是我闲暇时的消遣。从小练习书法，或许一开始只是为了习得一种特长，也曾获得不少奖项，也算小有成就。开始学习的时候只是遵从父母意志，曾有过放弃，但逐渐对它产生了无法舍弃的感情，因而与我相伴至今。如今，它已成为我平复心情的最佳选择，与笔墨做伴可以让我忘记学习的压力，享受笔墨之间的洒脱畅快，品味古人风采，置身艺术世界。淡淡的墨香总能让我感到前所未有的平静，毛笔与宣纸之间的微小摩擦能让我忘记一切烦恼。

作为一个动漫狂热者，业余时间，我喜欢一边吃着零食一边看最爱的动漫，在各大论坛分享动漫情报。我也会看一些美剧，常常看得乐不可支。同时，我也热衷于一些"技术活"，如 Photoshop。我从高一开始自学 PS，仅限于自娱自乐，以及与朋友分享的水平，但仍在朝着更高的水平努力！

尽管有繁重的课业负担，但是学校的各类社团和丰富的课程安排为我展示能力提供了很好的平台。高一第二学期，学校开设了 PS 选修课，刚开始接触 PS 的我果断报了名，于是每周一次的选修课上，我都可以在老师的指导下学习 PS，与同学交流经验。在不耽误学习，并顺利修满学分的前提下，我的爱好依然保留着。而且，每当班级举行活动需要宣传时，我也总能凭我的一技之长小露身手，将自己的成果分享给他人，在他人的建议下获得完善。同时，老师和同学们的赞美也给了我坚持兴趣的动力。

或许，正是这份坚持，让我在课内学习和个人爱好之间游刃有余。而且我认为，个人爱好与课内学习并无冲突，个人爱好可以作为释放和缓解压力的一种途径。同时，爱好可以辅助学习。例如，我在练习书法的同时记诵了不少古诗词，了解了不少古人的奇闻轶事，对语文学习起到莫大帮助；自学 PS 的过程中，我对电脑信息技术的认识更深一层；在享受音乐的同时锻炼听力；在看美剧的同时了解异域文化……寓教于乐的方式让我的学习倍感轻松。

当我遇到挫折时，我总喜欢一个人安静地坐着，听着喜欢的音乐，压力不知不觉间就得到缓解了。或是找个好友倾诉，分享彼此喜欢的音乐。对我来说，音乐是最好的调和剂。偶尔，我会随着歌声哼唱，唱出内心的压力和忧愁。我也曾经试着学弹钢琴，但因为对五线谱总是抱着无比头疼的感情，最终放弃了"不切实际"的幻想……

作为 90 后，我也爱逛贴吧、上微博。偶尔在贴吧写些文章，娱乐大众。当我遇到不顺心的事，热心的网友总会用各种各样的方式帮我出谋划策，化解忧愁。网络是一个发泄情绪的好地方，因为这里有许多陌生却又善良的网民从世界各地向你传达温暖。失意时，总有几个好友站在身后。晚上，他们就算有再多作业，总会与失意的我煲电话粥。需要帮助时，他们会和我一起熬夜完成课题报告。压力大时，我们会一起去 K 歌、购物。无论何时，朋友的不离不弃让我走过一个又一个艰难险阻。

向来乐观的我，压力与烦恼似乎并不多，常常自娱自乐，被老师称

为"身材虽小但内心强大的孩子",是同学间的"永远长不大的小孩子",我总是保持着乐观的心态面对每一次挑战。坦然、淡然是我的处事态度,也是我对人生的态度。保持一颗平常心使我一直坚定如一,坚守自己的信念和梦想。

我的求学生涯

不可否认,素质教育的确对我的成长起到了很大的帮助。在小学阶段学习的知识是我们一生都将受用的,虽然如今的素质教育被打上"应试教育"的标签,但是,我们所学习的是我们必须掌握的基本技能。更何况,基础教育不仅旨在传授知识,更在于造就每个人独特的个性、思维方式、价值观、世界观。可以说,基础教育铸造了每一个性格迥异的孩子。

就小学而言,我们学会了最基础的数学、汉字、英语、绘画、自然科学……这些都为后来的学习打下坚实基础。同时,这也是一个对世界形成初步认识的阶段,我们开始接触更多人,与同龄人的交流也开始变多,学会处理更多的事情,不只限于学习,我们开始懂得感情,并拥有真正的好朋友,而不是幼儿时代用糖果换来的朋友。然而,小学时代的我们对长辈更多的是敬畏,小学教育带给我们一个新奇的世界,我们小心翼翼地迈出第一步,身后有许多老师和朋友,还有父母鼓励的眼神。

但是,踏进初中的大门,教育便多了几分严格与应试,我们开始面临许多选择和舍弃。我们不得不为了学业放弃自己的爱好,不得不成为正襟危坐的好学生。我们向纯真童年作别,带着依然稚嫩的脸庞迎接青春。我们的学习更加深入、更加抽象,也面临更多的挑战。我们开始独立,开始掌握主动权,在迷惘彷徨中走完这段有朋友的艰辛旅途,明白好朋友的真正含义。

高中,我们学会用实践的方法让自己学习更多知识。学校提供了丰富的活动，尽管高考的压力沉重，但是我们能在学习之余参加各种社团活动。我们常常会受学习困扰，站在人生的十字路口徘徊，我们或许会迷路、会受伤，但这些都是最宝贵的经验。这一阶段的学习让我们逐渐明确我们的梦想并为之努力，我们开始为了梦想和未来奋斗。老师在此时更多的是充当心理咨询师、朋友，给予我们建议和忠告。我们的学习内容也开始向研究的领域发展。人际间的交往也更强调团队合作，而这一点正是每个人步入社会都要习得的精神。学校在重视考试的同时，也重视社会实践能力的培养。而我们也面临梦想与现实的差距，经历人生的重大抉择，接受高考的洗礼。

中小学阶段的基础教育对于每一位学生来说，既是考验也是宝藏，在学习的过程中有许多困难，每一步都是一次成长。基础教育的目的在于授予我们知识的同时，引导我们逐步领悟人生的道理。之所以是"基础"教育，因为它就像父母一样扶着我们、护着我们走过那一段漫长的旅程，它让我们受益终身。这样的教育同时也让学生在接受知识的同时，自己领悟了人生的哲理，总结了经验。我认为，基础教育对每个人来说都是必要的，接受教育的过程必然会有磕磕碰碰，受教育的过程就像是一次精神洗礼。教育的含义不止于教授知识，还有更深层次的育人。教育的目的不在于教出几个考上清华、北大、哈佛、剑桥的学生，而在于让每一位学生领悟到实现个人价值的重要性，让每个学生活出自己的精彩。

基础教育作为高等教育的铺垫，使每位学生逐渐开始习惯脱离老师的帮助，独立解决问题，从而具备接受高等教育的能力。它更侧重教给学生方法，让学生进入高等学府后能够进行自主研究。基础教育主要是培养学生的能力，而高等教育则是让学生自主发展。对于学生来说，基础教育的铺垫让学生能够挖掘自己的潜力，而高等教育则可以作为一个让学生发展的平台。

在我们的成长道路上，学校更多的是起到了一个领路人的作用，教

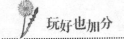

育也从教书、教知识逐渐上升到育人的层次，老师和家长在旁辅助，基础教育帮助我们形成世界观、价值观。而高等教育所要做的就是帮助每一位学生完善自我，走入社会，实现自我价值和梦想，让梦想照进现实。

也许，在中小学阶段的我们是在长辈的辅助下一路走来，然而，跨入成年，我们将独自面对社会，用我们的智慧、勇气和自信去实现梦想。

北大不远

> "乐之者"是学好一样东西的最佳状态，这时也许不能说是学而是享受了。一个人如果不能在学习上得到自己想要的满足感，就会想去别处寻找。爱好是一种有力的强心剂，在你失望或无助的时候是一种支撑，从而给你走下去的信心和动力。生活中除了学习，我们需要另一样可以热爱的东西，让它将我们消磨在书本里的激情和活力寻找回来。

姓　　名：邱枫

录取院系：新闻与传播学院

毕业中学：陕西省西安市铁路分局第一中学

获奖情况：陕西省生物竞赛三等奖

　　　　　陕西省中学生击剑锦标赛女佩个人第三名、团体第一名

　　　　　全国业余击剑联赛女佩第一名

高考就像一次发烧，烧到最高时满脸通红，最痛苦最难熬，但却是痊愈的必经之路。高考前的日子掐指算的多，真正过起来却快得让人不安。高考完走出考场的那一刻才真正紧张起来，说实话我并没有很强烈的感觉我会得到一个怎样的成绩，但直到高考成绩出来的那时我才敢相信自己真的做到了自己的最好，站在了自己从未站上的高度。因为我并不是一个一贯顶尖或是在竞赛上有突出表现的人，我唯一能做的就是一

直为自己努力，不管得到的会是什么。

小学和中学我一直努力做一个让自己满意的人，在十二年的时间里我一直是一个很活跃的人，这是所有人对我的第一感受。我的成绩也不差，保持在班里十多名，不管是在普通中学还是重点高中。尽管我不是成绩最好的那个，但我觉得我一定是学校里最开心的一个。学习很重要但一定不是我生活的唯一，我努力让自己的生活中不只有学习，到后来我才发现这是我多么宝贵而且独一无二的财富。尽管我曾是一名特长生，但最终我以自己的实力用"裸分"考上了北大，我告诉自己特长生不仅有特长，学习同样可以"特长"，高中的时间我既练就了一门本事而且也拥有值得骄傲的成绩，回想起来至少不会为自己的高中岁月遗憾。

特长或者说爱好和学习，完成其中的一项对太多人来说十分轻松，但在这重要的三年里兼顾二者并且都有所收获，的确不是一件容易的事。对于自己来说，要有颗坚定的心和勇敢面对困难并走下去的行动。

特长助我一臂之力

现在提到特长已经变得十分功利化，大多数人学特长仅仅是为了考学或是和其他人有攀比的资本，要说真正对这项特长有多么大的热爱倒真不一定。我的体育特长是高一练起的，起初的目的仅仅是锻炼身体。高中的生活枯燥且单调，体育运动不仅可以锻炼身体同样可以释放压力，由于高一的学业繁重，直到高二分科后我才开始系统的训练。每天至少训练两个小时，没有晚饭时间，晚自习时间只剩一小半。那段生活其实我很享受，除了学习之外还有另一种寄托，这是一个和书本不同的另一个世界。太多人说我过得很辛苦或是把自己弄得太累，我反而自得其乐。就是这样一天天的训练让我对击剑这项运动有了不一样的感受，不仅是体力的比拼也是智慧的对抗。高二的时候，整个年级参加训练的只有我一个人，每当我在训练馆里挥洒汗水的时候，他们正坐在教室里和书本奋力抗争，我甚至在上课的时间请假四处打比赛，现在想来其实并不后悔。竞技的对抗性是无法在与书本不停的"战斗"里找到的，而正是这种对抗性带来的巨大压力和紧张感让我逐渐适应和调整自己，我想这样的心态正是让我在高考里有超常发挥的重要原因。

很多家长都认为在高中阶段学习特长或是坚持自己的爱好会影响学习，但我认为自己就是一个很好的反驳的例子。不能说完全没有影响，事情总是因人而异的，但可以从中协调，比如用成绩来衡量，这是最有力的证明方法。正是因为我在进行体育锻炼的同时成绩并未有所下滑，有时甚至还有不错的发挥，况且身体也确实比以前强壮了，因此家长一直以来都很支持。并且有科学的研究结果证明，每天适当的体育锻炼可以提高学习的效率。这样训练的时候可以大汗淋漓、畅快地爱好自己所喜爱的东西。在学生阶段有一个自己的爱好不容易，能坚持下来更不容易，而能有所收获是最好了。但一定要掌握好度，不能因为爱好而耽误了最重要的事情。

特长到后来对我升学的帮助也是我原来没有料想到的，但当我知道我可以利用特长进入最高学府的时候，我才想自己也许真的可以进入曾经被自己视作云端的学校。尽管最后我没能通过特长走入这一学府，但的确是特长让我开始敢去想一想清华、北大这样的目标，我开始知道我有能力走入这样的学校。当有了去做的勇气，付诸行动其实是一件相对简单的事，付出全部努力，直到自主招生结束我才放下特长，一心冲击高考。这时学校也十分重视学生的身体，开始要求每天早上跑步、下午锻炼，而我就可以很安心并且淡定地每天稍作锻炼，保持很好的身体状况和精神状态，尽管最终我不是以特长生的身份进入大学，但特长间接地给了我很大的帮助，并且进入大学后我也可以继续我的特长，而不是盲目地寻找各种社团。

"乐之者"是学好一样东西的最佳状态，这时也许不能说是学而是

享受了。一个人如果不能在学习上得到自己想要的满足感，就会想去另一个方面寻找。爱好是一种有力的强心剂，在你失望或无助的时候是一种支撑，从而给你走下去的信心和动力。生活中除了学习，我们需要另一样可以热爱的东西，让它将我们消磨在书本里的激情和活力寻找回来。如果真心地热爱就不会把它当成负担，为它所做的努力和付出我们心甘情愿，并且在另一个生活范围内可以认识更多的朋友，得到更多的生活经验。这不仅不会成为学习的阻碍，反而会让我们学会对待不同事情都应专注于其中，并且合理安排自己的时间。

学习的时候心思一定要单纯和简单，如果当初以一种功利的目的去训练和学习，我想我的负担和压力会比现在重得多。不管是处于情绪的低谷还是状态很好的时候，学着让自己沉静下来，想想应该做什么，跌倒的时候扶自己一把，飘起来的时候给自己一点打击。不到最后绝不是自己放弃或是庆祝胜利的时候。不要太早给自己一个定位，徒增烦恼与压力，顺其自然，做好自己该做的每件事，那么结果不需要祈求也能顺遂心意。

❋ 学习之我见

学习无疑是我们从懂事到现在的唯一注解，我们每个人都会的就是听讲、做题、考试，一直到完成一个象征性的终点——高考。这段时间内的学习大多数人是被动的，对学习并不热爱但不得不做。我同样是这样，但一个人的能力和想法是分开的，尽管不喜欢但同样可以做好，因为这是责任，是我们这一阶段需要做的。中学期间听过许多高考的成功人士讲解经验，听了肯定有所收获，但人有不同，每个人适合的学习方法和心态也是不同的。说实话，相比许多同学，我所付出的努力是远远不够的，特长占用了我大半时间，真正一心投入学习的可能只有最后一学期的时间，但学习上我并不觉得吃力，反而相对轻松，因为在心里我告诉自己我只能做到我能做的，毕竟我学习的时间没有别人多，只能靠效率取胜。所以我对每次的考试并不求必胜，好了我会惊喜，不好我会失落，但在我的心里也会想成正常，并且高考前的每一次失败都是财富。这样一想，对每次考试我的心态就很放松，尤其是高考时，在经历了很多次模考后，我坐在考场上是真的淡化了结果，而是努力将过程完成到最好，就像奥运会田径赛场上一位并没有得到名次但让人敬佩的选手所说："我的祖国把我送到几千里以外的地方来，不是让我参加比赛，而是完成比赛。"学习这件事情既然我们做了，就要努力完成。我常跟身边的人说只要努力了一定会有回报，该得的一定会得到，也许是现在也许是未来，正因为我们期待着未来的丰厚回报，我们才更有动力去做好现在的事。

1. 方法和经验

学习方法和学习经验，身边的人灌输了太多，可很多人依然很迷茫，不知道什么是学习方法。在我看来学习的方法就是一种安排方式，这是要靠自己摸索的，别人的经验只是一个模版，告诉你也许这样可行，但究竟是否适用还要靠自己的摸索。作为一名住校生，相信很多同学都有这样的体会：如果身处一个学习气氛浓厚的宿舍中，即使是自己的学习任务完成后准备睡觉时，看着其他同学仍然亮着的台灯，自己或许会重新坐回台灯前。不为别的，就为图个心里的踏实，感觉比别人花费的时间更长、睡得更晚，成绩就能更好。不可否认，对于有些同学来说熬夜是个提高成绩的好方法，而且还能在第二天学校的课堂上依旧保持清醒。但熬夜并不是我所提倡的，如果你觉得心里总感到不踏实，完全可以通过实验来检验方法的正确与否。我就用两个月的时间进行了这样一次实验，结果是我比任何人睡得都晚、学得都累，但成绩反而下降得厉害，其实自己觉得好像并没有什么影响，但无形中我的成绩反映了我的状态。于是我明白这样的方法并不适合自己，还是应该提高效率，

每天完成应该做的并且有所收获，就再也不会在乎其他亮到很晚的灯，甚至可以安稳地躺在床上告诉自己，养精蓄锐同样重要，提高效率才是我提升成绩的最好方法，我便摆脱了拉长时间学习的误区。在第二天许多人打着哈欠伏在桌上的时候，我还能在每一节课都保持有一个好的状态。

2. 文科生的"死记硬背"

作为一个文科生，文综的背诵记忆是少不了的，或许这正是许多人无比头痛的地方，我同样有这样的问题。一本书前前后后翻了几十遍，背了一次又一次，但忘得总比记得快。好像前面一次次的记忆没在脑子里留下任何东西，依旧是一团糨糊，"傻傻分不清楚"。随着高考的创新发展，文综题目的难度不断加大，甚至有的超越了普通中学生的能力水平，这正是我们脱颖而出的机会。简单的题谁都会，看谁细心，中高难度的题就是比拼实力和思维，它们考查的已经不仅仅是学生对课本知识的记忆和复述，而是其利用所学的知识和方法来解决其他问题，举一反三，将背诵过的知识融会贯通，更多地来解决实际问题的能力。不需要大段的背诵意义作用，更多的是要培养自己对材料的分析运用。这种能力的唯一提升方法就是做题，仅仅依靠背书已经不能满足题目的要求，就算可以将书倒背如流，但如果连题目的要求都读不懂，写上满篇的文字也是无用。老师也会对解题进行正确的方法引导，方法并不是很多人认为的万能答题公式，而是做多题后对同一类型或问法题目的做题感觉和经验，题量积累到一定程度后一定会有进步。这不是轻率地下定论而是自己的亲身经历，付出了多少只有自己知道，不要纠结于一时的失误或是失败，付出的努力只有足以感动自己时，你才有实力与成千上万的学子对抗。

现在的一个普遍的情况是，大多数人将语文课视为比较随意的科目，偶尔听听，经常利用语文课时间来补作业或是聊天吹牛。但语文是一切学科的基础，学好语文是一个长期积累的过程，它不需要像数学大量地做题，但每天都要阅读一些文字，或是积累一些成语。虽说语文不能拉开很大差距，但在高分阶段每提高一两分都很重要，尤其是高考的语文更是关键。我并不排斥在课堂上有时按照自己的计划走，因为老师的安排是根据大多数人的情况，况且老师讲课的风格不同，有些课实际上的内容含量并不多，完全可以兼顾地同时做些其他的事，但一定是同一科目，你可以在语文老师喋喋不休的时候去做两道语文选择题或是看一篇阅读，但一定不要去研究三角函数或者立体几何。每天保证不同科目的学习时间，才能做到不偏科，百花齐放。高考里的任何一门跌下去都足以颠覆整个成绩，只有保证每一门都在掌握之中，高考才能十拿九稳，学习的经验没什么，唯一的标准就是自己不后悔。

3. 模拟考试

高考前的模考是我们面对即将来临的高考最近的接触方式，但我们心里都明白不管模考多少次，它毕竟不是高考，那种真正的紧张感是模考永远模拟不来的。但同样的模考只是模考，模考可以有十多次，而高考只有一次，所以当我经历后才发现，失败的过程很难熬，但最后一次的胜利在现在的升学制度看来就是最大的胜利。模考的作用是利用考试的方式复习所有学过的知识点，是更深层次的复习和拔高，成绩即使不好又能怎样，就把模考当作查漏补缺的工具，不要在考试的过程中欺骗自己。我们班级曾有一张表记录着每个人的高考目标和每一次模考成绩，我的目标是进前十，但我最好的成绩是全年级第十二名，甚至有几次模考，在我放下了特长专心学习的时候，我的成绩进入了前所未有的低谷，那种心里的挣扎和难过是难以形容的。我的确很失望，身边的很多人如老师、家长也很失望。但放下卷子，高考还没拼到最后一刻还不知道结果是什么，有一句话：把自己当作弹簧，蹲得低才能蹦得高，就这样我在最后的三次模考里逐渐找回状态，并且在最后一次考试中完成了我的跳跃。学会告诉自己：自己的实力不比任何人差，不要让模考打击到自己（这反而是一种激励），也不要让身边同学或是家长的情绪影响到你，只要做了自己该做的，不管分数怎样，我都可以接受，绝对不会后悔。每一道做错的题都是财富，错就错了，再来一遍、两遍甚至三遍，直至弄懂，心里的满足感就会慢慢转化为自信。高考中最重要的就是要相信自己，不管做出什么选项，写下什么答案，唯一要做的就是坚定自己、相信自己。正确答案永远在自己心里，而不是别人的卷子或是答案本上。

4. 高考心态

在高考没有到来之前，我们会有各种设想，高考前大家的状态也是千奇百怪。有人用睡觉祭奠，有人挑灯夜战熬红眼，有的学校放假，有的学校坚持到最后一天。对待高考前一段时间的安排，很多人走入了误区，认为回家复习最好，不受老师的管束和其他人的打扰。但经过众多人的实践，这种做法在大多数情况下并不能收获理想的效果。几天还可以，一旦时间长了就会在家过于放松，没有在学校的警备感。不管放不放假，首先不能打乱之前的作息规律和学习习惯，正常怎么样，现在就怎么样，不要紧张得整夜失眠，也不能玩得昏天黑地，真的大考大玩，抱有这种想法的人，你们真的不考不玩了吗？高考是知识、心态和运气的结合，知识是一定的，运气是捉摸不透的，只有心态是变数最大的，但我们却能掌控，也是在关键时刻最要紧的一种因素。我想我高考成功的最大的因素就是心态，它来源于无数次考试的积累和无数次失败的教训，来源于特长带给我的平常心，也来源于我对结果的淡然。

高考，来得快去得也快，转眼已经过去了两三个月，那些拼了命努力的日子开始有些模糊。记得的是在百日誓师大会上，同学们激动的叫喊和斗志昂扬的姿态。高考前的最后一百天过得尤其快，世界只剩下卷子和书本，但我的付出终究还是换来了收获。即使我依然没有站在最高处，我依然是十几名，但我已经足够欣慰，我心里明白这就是我应得的，我做到了自己曾做过的最好，我也相信我还能更好，也相信你们也能做到更好。

北大如果曾经是梦想，那么试着将它变成现实，从梦想到现实的跨越虽然很艰难，但我们其实都可以做到。

高中漫谈

如果说学习是主食，那么课外活动与爱好就是菜和汤，光吃主食的确可以充饥，不过要健康成长绝对少不了菜和汤。同时，不同学科是不同的主食，馒头与米饭同样重要，偏科是万万要不得的。再来说菜和汤，有一个爱好是一件幸福的事，尤其当这个爱好伴你走过了很长时间，成为了你一生的精神寄托。

姓　　名：姜天宠
录取院系：信息科学技术学院
毕业中学：黑龙江省哈尔滨市第三中学
获奖情况：全国中学生英语能力竞赛国家二等奖
　　　　　化学竞赛省级三等奖
　　　　　生物竞赛优胜奖
　　　　　数学竞赛省级三等奖

❀ 稚嫩的童年时代

转眼间，距离高考结束也已经两个多月了，十二年的寒窗苦读终于得到了回报。我依然记得小学时，一笔一画地写在田字格上的字，课堂上，一字一句跟着老师朗读课文。那时的孩子是多么愿意表现自己，上课多么踊跃地举手回答问题，他们有一个共同的目标——"小红花"，以及在红花榜上的前三甲。或许那时，他们的心理与奥运健儿并无太大差别，付出便是为了那份荣誉，而当时他们的那份荣誉便是同学羡慕的目光，以及老师、家长赞许的眼神。

小学与幼儿园相似，学的是最基本的习惯，是"饭前便后要洗手"，学的是"讲文明、懂礼貌"，学的是许许多多以后可能被遗忘的东西。

逐渐成熟

初中与小学便有了很大差别。

如果说小学是养成习惯的阶段，那么初中阶段便是学做人。在这个学生逐渐有自主意识的阶段，的确需要有好的引路人。个人认为，初中是对一个人人格形成最重要的阶段。小学时的许多是非观需要再次加深，而加入的一些新科目也使得学生对社会科学或自然科学的兴趣愈加浓厚，也为今后的文理分科埋下最初的种子。自然，初中也更加需要"克制"，比小学更加忙碌的学习生活让我们需要克制懒惰，更加复杂的环境让我们愈发需要坚守。当然，你会发现，当初积极举起的小手也逐渐转化为被老师点名回答问题。这大概是一种退步，所谓的"克制"多了，"枷锁"多了，渐渐地束缚住心灵。学习的确是在克制中进步，只是克制这个度又该如何掌握？这应该是我们要解决的问题。

成为"小说"中的大英雄

高中像一部气势磅礴的小说。在这个拥有千军万马的战场上，我们每个人都是一个斗士。每个人有不同的天赋，有不同的性格，有不同的际遇。我们付出的不同，但我们有共同的目标，我们要在高考的战场上取得胜利。高中三年过得真的很快，弹指一挥间，便是毕业。高一，所有科目大军压上，每门课程都很重要，理科有他的严谨，文科有她的感性，艺术有其特有的魅力。提到这不得不说高二的文理分科。这个问题一直都是争论的焦点。当然，确实文理分科与不分科各有利弊，但我更倾向于二者都学。一方面，从人的角度来说，人脑只被开发了很少一部分，人有能力同时学好文科与理科乃至更多的学科，而反过来，学习不同的知识也有利于开发人脑的不同部分，形成良性循环。另一方面，前一段有一篇报道，国内很多文科生科学素养很差。当然，理科生的人文素养也没法和整天与文科打交道的同学相比。这的确应该让我们反思。文科与理科的综合学习可以让学生的综合素质得到极大的提升，理性与感性相综合，也能让许多同学在获得高智商的同时拥有高情商。这才是新世纪需要的人才吧。

高中阶段虽然课余时间相对较少，不过校园活动给同学提供了更多锻炼的机会。这就涉及怎样处理课内学习与课外活动、个人爱好之间的关系的问题。如果说学习是主食，那么课外活动与爱好就是菜和汤，光吃主食的确是可以充饥，不过要健康成长绝对少不了菜和汤。学习——吃饭，"人是铁饭是钢，一顿不吃饿得慌"。无论如何，这是我们最主要的任务，每日都要吃饭，学习也贵在坚持。"骐骥一跃，不能十步。驽马十驾，功在不舍"说的也正是此道理。同时，不同学科是不同主食，馒头与米饭同样重要，偏科是万万要不得的。再来说菜和汤，有一个爱好是一件幸福的事，尤其当这个爱好伴你走过了很长时间，成为了你一生的精神寄托。音乐能陶冶人的情操，我很羡慕那些会一门或几门乐器的同学，当然也敬佩他们当初的付出。从这个意义上讲，学习乐器及其他艺术与狭义的学习是相通的，即经年的积累换来最后的爆发。而本人更喜欢在课余时间运动，正所谓"生命在于运动"，万事万物又都是运动的，运动可以让我们强身健体，减轻压力，让我们有更多的精力去学习，更可以让我们交到很多好朋友，学会团队合作。菜和汤可以让主食更加可口却不可以代替主食，这或许就是学习与课余活动和爱好的简单关系。

这有一个特例，就是电脑游戏。在我眼里，电脑游戏是甜品，很多人爱吃甜品，甚至会因此控制不住嘴。但甜品吃多了会发胖，甚至因此影响身体健康。而且，甜品有一个特点是它含碳水化合物多，可以代替米饭等。所以，可以说电脑游戏对许多学生的影响是巨大的。电脑游戏从一定程度上让人可以摆脱现实世界，在另一个世界扮演在真实世界扮演不了的角色。虚与实，很多大人都分不清，何况孩子乎？所以，在学习阶段请珍惜身体健康，远离"甜品"。

高中阶段压力很大，我们更是要面对许许多多挫折与困难，在考场上，没有"常胜将军"，一两次失利是再正常不过的事，这就需要我们在第一时间作出调整，尽快走出低谷。第一，不要妄自菲薄，很多人都知道要相信自己，但是不是所有人都做得到。第二，你可以向老师、父母或学长求助，作为过来人，他们有很多经验可以与你分享，他们比你更加成熟。第三，向朋友倾诉，作为同龄人，他们会给你最大的支持与鼓励。当然，压力与挫折也不仅仅来自于学习。人无完人，在校园生活中，你也不可能获得所有老师和同学的喜爱，总会有与你亲近的人，自然也就会有与你相对疏远的人。在人际交往方面，真诚最重要，只有用真诚的心对待别人，自己才会收获最真挚的友谊。同时，对待他人要求同存异，要试着推己及人，换位思考。只有与同学们和谐相处，才能有更好的心情去学习。

到了高三，各种考试、各种"模拟"，没有准备的同学一定会焦头烂额，所以一定要有很好的计划，到了什么时间该做什么，要走在考试的前面，而不能让考试牵着你的鼻子走。同时，一定要劳逸结合，高三不仅仅要拼学习更要拼体力、拼耐力。只有这样，你才能在小说的结尾成为那个大英雄，实现自己的理想。

家庭、学校的配合

很难说学校和家庭到底哪个对孩子的影响更大。对于我来说，父母是大学教授，对我的影响也是潜移默化的。渐渐地，我也习惯了父母的为人处世方式，待人真诚，做事平和，当然还有较为良好的学习习惯。我认为宽松的但却不乏引导的家庭环境最适合孩子成长，如果学校班额能小一些，这也同样适合学校。因为在这样的环境中，孩子更容易自愿地"克制"而不是迫于长辈的压力，这样的"克制"也更容易延续。与此同时，孩子的自觉性也在不知不觉中养成了，自学能力也在不断提高。

我的学习经验

很多时候，有许多好学生说不出学习经验，不是他们不想与别人分享而是没办法分享，有些经验是只适合自己的。如果什么经验只要听过就能应用、就能奏效，那所有人就都考第一了。而我现在写的所谓的学习经验不过是以一个过来人的角度，回首过去，站在一个更高的角度看一个当时困扰过我们的大问题。对于现在作为当局者的你，这些经验的实用性可想而知。不过我还是从大体上谈一下所谓的经验，这里更多是应试经验。

对于语文及英语的学习，积累尤为重要。当你培养出语感以后，很多问题都能迎刃而解，这在英语的单项选择和完形填空上体现得尤为明显。那么，该如何培养语感呢？多读，出声地朗读——这是本人亲身试验过的。另外，这两个学科中都有作文，写一手好字是重中之重，这在作文分上体现的很明显。作文的审题是关键，一等文、二等文、三等文之间的分差可不是小数目，一个闪失便会让你难以承受。

再来说数学。对于高考来说，全国卷要略简单，选择填空一定不能当解答题做。选择题可以利用代入检验、特殊值检验、数形结合、极限法等方法来解答，甚至可以进行类比推理、合情推理等。逻辑推理并不很适合选择题、填空题，当然这并不是投机取巧。华罗庚老先生就说过："数缺形时少直观，形少数时难入微；数形结合百般好，隔离分家万事休。"至于解答题，先前提到的许多方法也适用，可以帮助你先找出答案再根据答案确定合适的方法，当然写出完整的步骤也是十分重要的。

最后来说说理综，个人认为理综主要考察的有几点：速度、准确性、心态。总结起来就是要稳、准、狠！要想答好理综，练习数量是一定要够的，否则速度与准确性是难以保证的，而心态问题则是需要在每一次模拟中进行调整。而且，看教科书也十分重要，很多细小的知识点在做题中难以碰到，但不出意外，所有的知识点都是在书中的，因此一定要把教科书读透。

在这个夜晚，努力写完这篇文章，心里还是格外的激动，想到马上就要迈向北大的校园，就好像进入自己的梦境般。在此，也祝能看到我这篇文章的学弟、学妹们能有所收获，梦想成真。

十八岁断想

爬山的时候换一条新的路线，体验别样的风景；用餐的时候换一家新的饭馆，体验另一种美食文化。从小的方面来说，这能让我们换一种心情，增加生活乐趣；从大的方面来说，这能让我们永远保持积极向上的心态，永远充满朝气，永远有收获、有进步。

姓　　名：黄逸岑

录取院系：外国语学院

毕业中学：江苏省南京外国语学校

获奖情况：2011 年江苏省中学生生物学科奥林匹克竞赛一等奖

2011 年全国中学生生物学联赛三等奖

2010 年"冯茹尔杯"江苏省高中学生化学竞赛一等奖

2011 年江苏省中学生化学学科奥林匹克竞赛二等奖

2011 年江苏省中学生物理学科奥林匹克竞赛三等奖

十几年前的誓言还犹在耳边，而今年秋天我就即将北上，来到年少时梦想的地方，开始一段新的征程。

回忆走过的求学道路，有过彷徨，也有过坚定；有过迷茫，也有过执著；有过挫折，也有过成功。我想写下自己的一段心路历程、一些得与失，既是回顾自己走过的一段路，也是希望或许能够给学弟学妹一些帮助。

年少有梦，追梦的旅程痛并快乐着

电视剧《医者仁心》中的钟主任说过一段话，"理想不仅仅是为了让我们去追求、去实现，而是因为它的存在，让我们实现的过程变得纯洁和干净。"这段话激起我深深的共鸣，也最符合我此刻心里想表达的情感。

从十二岁到十八岁，一个梦想让我从懵懂孩童渐渐成熟，也让我对于梦想的定义又加深了一层。我们这个年龄的孩子，有的对于未来完全没有想法，有的有些微模糊的期盼，也有的有清晰具体的梦想。我属于最后一种，不知从什么时候起，我执著而坚定地喜欢上了医学，并渴望当上一名医生，仁心仁术，悬壶济世。而实现这个梦想的必备条件，是出类拔萃的成绩。进入初三，我的数学成绩，真的算不上出色，或许是因为班上数学成绩优秀的同学太多，导致我的数学成绩始终不能给我带来安全感。记得每次数学考试成绩出来，多半不能达到我的要求，站在回家的公交站台上，深秋的凉风吹过，我心里常常责怪自己怎么这么没用，快要流下泪来。那段时间，我对自己的数学成绩有着近乎疯狂的在乎，考得不好我就觉得梦想渐渐离自己远去，伤心、失落、不甘、着急。解决方法自然是对于数学疯狂的学习。那时，听说哪儿有好的补习班就会奔过去，有时候刚刚放学，还来不及回家，来不及吃饭就跑去上课，然后夜深人静时才到家，又继续挑灯夜战，却从来不觉得累；考试不理想，不是沮丧，而是认真分析为什么错，问同学、问老师，直到弄懂为止，避免下次再错；做过的习题、老师上课的笔记，回来都认真地消化巩固，用不同颜色的笔给它们分类，细细地注明难点、易错点，有时还记录下自己做题的心得，哪步没想到，哪步应该再简洁些……数学成绩的改善不是一朝一夕就能完成的，我却从没想过要停下来放弃。老实说，我并不是一个特别能坚持的人，那段时间的坚定执著，现在想

想，亦觉得神奇，或许这就是梦想的力量吧。功夫不负有心人，经过长期艰苦卓绝疯狂的学习，我的数学成绩有了明显的起色，在中考的时候也没让我失望。

曾经羡慕过没有梦想的同学生活简单快乐，而自己却好像背负着沉重的包袱。现在的我却十分庆幸自己的这一段经历，即使自己最后没有实现梦想，但在这过程中我学会了坚强，无论现实怎么打击我，站起身来继续向前；在这过程中我学会了坚持，无论遇到什么困难，我都会想想自己的梦想，然后继续前行。

我一直觉得，对于瞬息万变的社会，我们的确知之甚少，很难说出我们想要什么，想成为什么样的人，因此没有梦想倒也无可厚非。而对于有梦想的人，我觉得我们关注的不应该是我们最终是否圆梦，而是实现理想的这一条路上我们有没有学到些什么，有没有成长起来。如果有，即使我们没有实践自己的梦想，也不枉走过这一段路。至少在我们老了之后，回忆年轻的时候，可以自豪地说我们实实在在为自己的梦想付出过努力。只要你尽到了自己的责任，你就可以问心无愧，也就是不后悔吧。

相信自己，乐观勇敢去闯

或许是因为从小父母对我要求比较严，我一直不够勇敢，还常常没来由地担心。又担心弄不懂即将学的知识，我担心在考试中发挥失常。就好像在初三，我一方面非常想实现梦想，一方面又觉得不可能，所以内心异常痛苦。这时候有个人跟我说了一句话——没做过的事怎么会知道结果。是啊，没有发生的事不必担心，已经发生的事一件件解决。为何要事先给自己设置障碍，限制自己的选择，最终让自己与许多良好的机会失之交臂呢？这样一想，心态就放松了，心情也开朗了，学习也更专注了。

记得高一暑假，我只身一人飞往美国加州参加一个交流项目，与那里我的接待家庭共度 20 天的时光。我孤身一人，历时 40 个小时，转机来到目的地。刚去那里的时候，因为一路辛劳，时差没有倒过来，而且也不太适应，晚上根本睡不着，白天就很不舒服，于是就开始想家人，想回家，想放弃。那是一个很小很普通的小镇，我担心自己只能在那里呆着，不能出去游历，不能实现见见世面、体验异域文化的初衷，心中不免很是失落。然而 20 天之后，我觉得之前的担心根本就是没有必要的，我的接待家庭带我坐火车去了住在山里的亲戚家，让我欣赏到了城里看不见的美景，还与各式各样的人交谈；他们带我去教堂、去图书馆、去各种超市商场，去跟她的孩子上吉他课、上中文课；他们带我尝试游泳、攀岩、滑冰；而且每日三餐都样式丰富，从不重复，既带有美式的简捷，还有浓郁的墨西哥风味。20 天的生活充实而又愉快，我得以体验原汁原味的美国生活。20 天的坚持，到达终点的我，庆幸自己走了过来，庆幸自己没有轻易地放弃。这次旅行，我收获到的远不止见见世面、体验文化，还学会了不能事先给自己设置障碍，不能还没尝试就先拒绝，没做过的事怎么知道结果呢？

　　我一直很喜欢理科，尤其喜欢生物和化学，也一直参加学校的竞赛培训课程。高二"小高考"（即会考）结束之后，同学们基本上就开始了高考的准备，很不巧，各科竞赛的初赛、复赛也安排在这期间。一同学习竞赛的很多人认为自己不是理科实验班的"神牛"，而且女孩子理科学得更是没有男孩子好，与其花时间在不一定有结果的竞赛上还不如早早准备高考，便放弃了竞赛的学习。我也有过犹豫，但想到"没做过的事怎么知道结果"，为什么不给自己一个尝试的机会，挖掘一下自己的潜力呢？最终，我选择了坚持，尽力平衡好课内学习与竞赛的关系，最终也在竞赛中取得了令人满意的成绩。而对于我来说，获得的奖项固然重要，但更重要的是，这次我学会了相信自己，不轻易地放弃，而是自信乐观地去尝试、去闯、去走那条我热爱的道路。

化羡慕为动力，不断奋斗

这个体会是我走过保送季所得到的，那就是没有人的面前有清晰明朗的未来，一切都是靠自己不断的奋斗所得来的。机会总是垂青有准备的人。

还是因为我是个有点自卑的人，从小又一直对北大有着浓厚的向往之情，因此我一直很羡慕那些早早获得保送资格的人，觉得他们面前有灿烂美好的未来，而自己的前方是什么，我并不知道。然而后来的事有点出乎我的意料，那些人中，有的理科极好却有些偏科，有的获奖之后松懈了下来，我曾以为他们唾手可得的名校录取通知书离他们远去了。而我，凭借自己一贯的勤勉与认真，一直的坚持与努力，最终获得了北大的青睐，我想我无法描述内心的喜悦、自豪还有感动。而这件事更让我明白了一个道理，没有任何人可以不努力而拥有灿烂美好的未来，因此也没有必要羡慕别人，只要自己努力奋斗，一样会收获期待的未来。再者说，在人生的道路上，永远会有比我们更优秀、更出色的人，有的人会心态失衡，进而嫉妒人家，有的人会自己先泄气，觉得不如别人，进而放弃努力，我觉得这两种心态都不是正确的心态。遇到杰出的同龄人时，如果想成为他们，光羡慕是没有用的，不妨看看他们有什么优秀的特质，虚心学习，努力奋斗，一定能有长足的进步。

挫折磨砺品格，失败乃成功之母

人们都说我们这代的孩子没有经历过什么挫折。作为一个乖学生，我的求学道路也一直是顺风顺水，可是如此重要的"小高考"我却考砸了。当时我就慌了，似乎大家都站在起跑线上，我却只能站在起跑线后，与大家有着一段距离。更糟的是，或许是因为抛弃"大五门"的时间有点长，重新开始上高考科目的课时，我竟有些不适应，一度觉得人生写不下去了，很想翻一页，重新开始。我要怎么办？是放弃自己的理想，随便上一所大学算了，还是从今天开始努力，争取在别的地方弥补回来？非常感谢父母还有老师在那段时间对我的安慰、鼓励还有支持。他们告诉我，即使"小高考"再重要，也仅仅是一场考试，并不能代表你的全部，更不能代表你的未来，你还有时间准备高考，你还有喜欢的竞赛，要不要继续？这些话让我如梦初醒，原来我一直停留在过去，停留在已经发生再也无法改变的事实中，却从来没有想过未来，哪怕是最近的下一步应该怎样去做。清醒过来，我立刻调整自我，让自己异乎寻常地忙碌起来。我在完成校内学习任务的同时，更加努力地学习竞赛知识，还参加了学校组织的辩论赛、模拟联合国活动。结果，我在期中考试中取得不错的成绩，竞赛也有获奖，参加活动也结识了很多朋友，拥有一段美好的经历。而原本觉得太过于忙碌的安排，自己竟也能应付得来，甚至乐在其中，享受在其中，还出其不意地挖掘了自己的潜力。所以我想说，挫折真的不可怕，怕的是被挫折打倒，爬不起来。一方面，我们不要沉湎于往事，而是要早早清醒，直面现实，回归正常的生活，看看是否有弥补的办法；另一方面，挫折的不可避免恰恰暴露了我们的某些问题，仔细分析"小高考"为什么会失利，我觉得学习方法有待调整，的确，之后的成绩再没有让我太失望。

乐于尝试，敢于挑战，奋勇拼搏，不懈追求

关于我追求的生命姿态，我想用三个关键词来形容：拼搏、乐于尝试、敢于挑战自我。

我觉得拼搏真的应该成为每个人生活的一部分，而拼搏的姿态一定最美。我很喜欢的韩剧《大长今》中，韩尚宫娘娘曾对长今有过这样的

评价："在别人休息的时候，你总是睁大双眼，永远准备着要重新开始。你是，即使把你抛在冰上，也一定可以开出美丽花朵的种子。"的确，长今无论身处怎样的逆境，都永远不轻言放弃，而是——拼搏。无论是一同进宫的小宫女在无忧无虑地玩耍，她却得天天端水，找一百种不同的水、一百种不同的蔬菜，还是一个人在天寒地冻的济州岛学习针灸，同时还不得不忍受老师的偏见，她从没想过放弃，甚至没叫过一声苦，没抱怨过一句，而是默默地拼搏，想着有朝一日可以完成母亲与韩尚宫的遗志。就像汪曾祺说的那样，"我不去想能否成功，只要选择了前方，便只顾风雨兼程"。将长今作为我的偶像，也是因为欣赏她这样的品质，希望自己无论面前是什么，都能欣然面对、坦然接受、奋然前行，带着乐观的心态与拼搏不服输的精神。

乐于尝试新的事物，敢于挑战自我。爬山的时候换一条新的路线，体验别样的风景；用餐的时候换一家新的饭馆，体验另一种美食文化。从小的方面来说，这能让我们换一种心情，增加生活乐趣；从大的方面来说，这能让我们永远保持积极向上的心态，永远充满朝气，永远有收获、有进步。

记得高一的时候，南京博物院招聘志愿讲解员。博物院里一个个装饰得美轮美奂的文物展品，呈现着令人赞不绝口的工艺，展示着古代劳动人民智慧的结晶，诉说着悠悠的历史，我被这些深深地吸引了。我一直比较内向，在公共场合讲话总会或多或少有些不好意思，为着这份喜好，只能硬着头皮上了。报了名之后，我拿到一叠厚厚的讲稿，"全部背下来，然后去现场考试。"负责的同学轻描淡写地说，然而光背下来还不够。一周后，我们来到南京博物院，跟着专业讲解员，练习看着展品来讲解，练习专业的目光、站姿还有走步。考试结果不容乐观，我们去参加考试的同学没一位通过。有的同学就此放弃了，我却不肯罢休。于是每天在回家的路上都会拿出稿子来背几句，还在爸妈的面前进行模拟练习。一周之后再去考，我幸运地通过了，拿到了志愿者证。这件看起来很小的事锻炼了我的胆量与口才，使我能够更为大胆流畅地与并不熟悉的人交流、沟通、介绍、解释。而一年多的志愿者经历也同样给我留下了深深的印象，我不仅能够对南京博物院漆器馆的文物如数家珍，丰富了自己的知识，同时，长期埋首书海的我，还借助博物院这个舞台，得到了接触各式各样的人和了解社会的宝贵机会。不同年龄，甚至是不同国籍的参观者，他们迥异的参观习惯，让我禁不住想，将来的自己会是哪一种呢？

记得高二上学期的时候，我获得了一次参加模拟联合国活动的机会，因为时间安排临近期中考试，搭档很难找，但我又不想放弃这次机会，索性选择"单代"，这对我也是一个不小的挑战。我举牌子争取发言机会，落落大方地上台阐述代表国的主张与想法，尝试沟通与磋商，会后有模有样地在记者招待会上回答问题。这次活动再一次增强了我的沟通技巧，同时也让我学会超越一己之得失，以全球的视角看待世界性问题。我获益匪浅。

关于未来

我想引用很喜欢的《医者仁心》里的一段话来结束这篇文章："想想你想成为一个什么样的人，成为这样的人你还缺什么，然后努力地去磨炼自己。"很遗憾在过去的这么多年来，虽然对自己想成为什么样的人有着再清楚不过的认识，但终究没有成功。大多数的时间里我无法放过自己，无法面对不能守护多年梦想的自己。然而我还喜欢一句话，"往者不可谏，来者犹可追"。无论如何，那都是过去式了，希望未来，如果再有梦想，能让它变为现实，在老去的岁月里，少留下点遗憾。

北大，一段不平凡的征程

> 俗话道："会玩的孩子会学习。"其秘密在于心态，玩也需要认真的，舞蹈等课外活动同样需要认真。当认认真真、优秀成为一种习惯，便会发现学习促进舞蹈，舞蹈帮助学习。

姓　　名：侯忻妤

录取院系：新闻与传播学院

毕业中学：广东省深圳外国语学校

获奖情况：2009 年广东省第三届中小学生艺术展演一等奖

2010 年中国—东盟青少年舞蹈交流展演金奖

高考对于我来说，就像是一段征程，而这段征程的终点就是北大。在生日那天收到录取通知书的我说不上什么惊喜，只是如到了终点般的松了口气。而回想起那段特别的高三生活，心中竟有一些自豪起来。高考不是独木桥，我走的是幽幽小径，荆棘满地，风景独一。

比起未来校友，我的分数真的不值一提，但有幸生在素质教育发达的广东，让我有机会提前锁定梦想。

从小我便喜欢舞蹈，训练虽苦，我却当作一种兴趣爱好坚持了下来。从小学到高中都是凭着优异的学习成绩考入重点学校的我，起初并没有把练舞当成太重要的事，只是喜欢随着音乐轻轻舒展身体的感觉，顺便强身健体。直到高二，当高考一步一步逼近时，我才发现这种素质教育不是一句口号这么简单，是真的可以让我脱颖而出赢得机会的。

✴ 高效率的"劳逸结合"

高二开始，我便着手准备艺术特长生的考试了。很多人都有一种观念：搞艺术的孩子成绩不好，我硬要与观念对着来。其实课外这些艺术活动和学习并不是水火不容的，相反，二者是相辅相成的。重要的是心态，所谓搞艺术的孩子成绩不好，是因为大家所说的成绩是一般所说的成绩，即语、数、英、政、史、地、理、化、生之类的。而对于决定读艺校的孩子，他们的重中之重是艺术，自然艺术成绩是他们的"学习成绩"，他们成绩不好吗？非也。对于那些普通学生，根据我的体会，实际情况也是与这种观念不同的。我的老师说："学习不好的孩子艺术也不会太好；艺术好的孩子，学习也不会差到哪里去。"这是挺对的，俗话道："会玩的孩子会学习。"其秘密在于心态，玩也需要认真的，舞蹈等课外活动同样需要认真。当认认真真、优秀成为一种习惯，便会发现学习促进舞蹈，舞蹈帮助学习。我就有这种感觉。

特长生其实不容易，特别是北大这种名校的特长生，艺术选拔测试接近专业水准，而文化测试又与自主招生使用同一张卷子，我当时压力也不小。但是我相信只要梦想在，希望就在，决定学习、艺术两手抓。后来因为高三学习任务重，学校加紧补课，卷子满天飞。我没被吓倒，常言道："时间是挤出来的。"17：30下课后我就钻进舞蹈室练习舞蹈。开始，高强度的舞蹈训练让我有些后悔，可是后来我却发现这种全身心投入训练的2个小时，不仅可以使我彻彻底底地出一场大汗让身体全面放松，而且也能把一天学习的压力忘得精光。血液循环加快，人也变得精神了，晚上的晚自习效率特别高。如果有人要问我高三的每一天都少2个小时的我怎么处理繁重的学业，我想说学会取舍。时间不一定就是分数，效率才决定胜负。每天2个小时，一周便少了大约半天的学习时

间，所以单靠早起晚睡是远远不够的，抓住重点放下过细的知识是应付之道。同时，即使是重点班，拥有全校甚至全省最好的老师，也不可能比我们自己更知道自己的学习状况，弱点、漏洞在哪，所以老师布置的作业也不是完全适合每个人。要想提高效率，可选择性完成试卷练习，如果是做过的非常熟悉的练习就放过，对于弱点、难点则重点练习，更可自己补充练习。因为想多点时间练习舞蹈，所以有一种动力让我抓紧时间把学习任务先完成；因为想多点时间去学习，所以让我能专心致志地、更快速地、更高质量地去完成每天的舞蹈训练任务。到后来学习和舞蹈相互促进，每天过得很繁忙、充实且不单调。

有些一点后睡觉、五点多起床的同学问我："你怎么做到虽然每天跳舞、早睡正常起，却能保持成绩依旧不下滑的？"我只能笑笑，他们怎么能体会到劳逸结合的好处呢？要想让一根皮筋保持最好的弹性活力，一味地去绷紧或放松是没用的，要有张有弛。大脑就像皮筋，如果为了学习时间最大化而一味地去绷紧再绷紧，反而会使大脑活力下降、学习效率降低。甚至有时绷紧过头了会让大脑罢工，生起病来从而浪费更多时间，正可谓得不偿失。

当优秀成为一种习惯

特长生考试说来就来，即便它再难，对于一个准备好了的人来说也是志在必得、无可阻挡的。因为平时认真和系统的训练，专业考试的每一个环节我都轻松且稳稳当当地完成了。果然，专业成绩贴出来了，我以第十一名的成绩拿到了降分的机会。接下来便是文化课测试。由于平时在艰苦训练中，我丝毫没有放松文化课学习，语、数、英、政、史，过五关、斩六将，有惊无险地通过考验，最终拿到了 65 分的降分优惠，为北大之梦加上了双保险。有趣的是，在北京准备考试、等待专业结果的好几天里，我竟大胆将带来的复习资料扔在箱底、追看起电视剧，为此还被爸爸妈妈臭骂了一顿。可我认为，既然向学校请假来考专业，那就好好考、好好放松，老想学校里的事有什么用呢？后来事实证明我是对的，这几天难得的放松让我的身体和大脑恢复活力、充满电，更好地奋战备考的最后100天，让我比其他同学后劲更足、超越自我。

65分在手，就好比将赚到的钱放入囊中，总比资产还在变幻的股市中心里踏实许多。当别的同学还在为过山车般跃动的模拟成绩而担心的时候，老师告诉我："只要正常发挥，北大就稳稳当当拿住了，甚至犯一点点小失误都不怕，很难跑掉的。"我要做的就是脚踏实地、踏踏实实做好复习工作，享受考试。当然，我也没有因为这65分而降低对自己的要求，正如前几年广东省理科状元刘若漪所说："当优秀成为一种习惯，不优秀都很难。"我全力以赴，不放过每一个重点、难点、弱点，力求完美。

复习策略

在我高考备考期间，有一位老师对我冲刺阶段的学习策略影响很大，他便是汪治平老师。我最欣赏他说的一句话："最伟大的老师是思维上的马车夫，是引导学生自己探索自己思考，用自己的双手触摸成功。"的确，"授人以鱼不如授人以渔"这个典故妇孺皆知，但在应试教育占主流的中国，能有这样观念并真真正正将这种观念很好应用于教学中的老师少之又少。汪老师便是这样一位伟大的老师。他的课总是充满挑战性，他不是就题论题，而是每道题只提示一两点，让我们自己去推出方法寻找答案；或者，根据一道例题创造出运用相似解题方法的变试题，训练我们举一反三、活学活用的能力；再或者，由好多道看似所用解题方法完全不同的题目，归纳出通用的数学思想、思考方向。在他的课上，每个学生都能开动大脑努力思考，大家交流意见分享方法，事半功倍。在他的课上，我真正感受到了数学不是学出来的，是玩出来的，我的数学成绩有了很大的提升。同时我也将从他那里学到的学习方法应用到别的科目上，即面对一道题目问自己六个问题："这道题我见没见过类似的？可不可以用我所知道的相类似的方法去解答？这道题的解答方式可不可以用在别的题目上?"心中有答案，再去和参考答案比较，"有没有答案有的而我却忽略掉的地方？有没有答案没有的我却想多了的地方？这些多的想法合不合适?"搞清这六个问题便会发现，一道题中竟会运用到那么多的知识，一道好题竟有那么高的复习价值。这种复习策略，使我在最后 100 天中达到效率最大化，一路高歌向前。

高考不是独木桥，我走的是幽幽小径，纵使充满艰辛，却最终收获一路风景。录取通知书到了，稳稳当当，没有意外。我松了口气，梦想终在努力中化为漫天星星。而我也将带着勇气、信念去开始下一段不平凡的征程。

挥别高三

　　另外最让我感到高兴的一点是，在紧张的高三一年，在许多学校和班级为了节省时间学习而取消体育课的情况下，我们的老师还会每周安排两节体育课，每天上午和下午的大课间都会安排跑操。体育课上，我们可以打羽毛球、打乒乓球、打篮球、踢毽子、慢跑，做各种运动；跑操时，我们大声呼喊我们的班级口号，尽情展现我们的斗志，尽情释放我们的压力。

姓　　名：张双朋
录取院系：中国语言文学系
毕业中学：山东省青州第二中学

　　我一直将罗曼·罗兰的一句话奉为我的座右铭，"成功不是偶然，失败不是命运"。成功不是阴差阳错，鬼使神差，它是必然中的偶然。在漫长的人生面前，虽然高考只是很小的一步，但许多人的命运恰因这一步而改变。因此，既然选择了高考这座山，就不要畏惧那弯曲的小径和盘亘的石栈，只要一心向上，不论是半山的绿荫，还是峰顶的翠岚，都是对你努力过的回报。

✿ 平静的心态

面临高考，很多同学会有些手足无措。正如很多老师所说，在知识储备达到一定程度的情况下，心态最重要。经历过高三，才知道，人人口中"疯狂的高三"和"黑色的六月"远没有想象中那么恐怖。从高二升入高三，进入复习阶段，刚开始确实有些不适应，繁重的作业、一轮又一轮的考试，很容易让你烦躁。但是，只要慢慢适应了，你就会觉得，原来高三也就是这样，没什么可怕的。等到一轮又一轮的考试训练下来，你再也不会对高考有神秘感、恐惧感，进入考场后你就会觉得，所谓高考，就是一次普通的模拟考试，唯一不同的是，老师不会再精讲试卷。所以，学弟学妹们，不要惧怕高三，惧怕高考。你必须面对的事情，与其惧怕退缩，不如勇敢面对。

以平静的心态迎接高三，迎接高考，也要以平静的心态面对每一次考试。升入高三后，会有大大小小的许多模拟考试接踵而至，考得你焦头烂额，这时，成绩的波动起伏也是在所难免的，我对这一点感触颇深。我还记得，高三第一次期中考试，我从升高三时的第四名，一下子跌到十九名，我完全不明白，努力的付出为什么换来的是成绩的退步？我甚至开始质疑自己的能力：我能考上大学吗？在这里，我要感谢我的老师，我的班主任，是他及时找我谈心，给我鼓励，帮我找回自信。在后来的许多次考试中，我的成绩仍然会有波动，但我已学会坦然面对。当有些同学还在为考得不好而苦恼时，我已在开始分析错因。到高考前夕，我的成绩已基本稳定，没有焦虑没有担忧地走进高考考场。我想说，笑迎高考，平稳心态，是制胜的法宝，它会让你稳定发挥甚至超常发挥。

正确的学习方法

　　每年都会有很多高考状元谈经验，他们有一个共同的经验就是错题本、积累本。进入高三后各科做的练习都不少，做错的题就是你的弱点所在，反复练习曾经做错的题或题型，有助于提升成绩。但如果每次考试前都拿出一大堆试卷来看，岂不是太浪费时间？这时，错题本、积累本就会帮大忙。所以，平时不要偷懒，错了的题就剪辑下来，标明错因和正确答案，提醒自己以后不要犯这种错误。当然，各科有各科的特点，有的需要错题本，有的需要积累本，像语文的字词、成语，英语的语法等，最好平时多积累。我不建议同学们每天都记，今天记两三个，明天记三五个，这样太零碎，还不够拿本子的时间，我建议隔几天整理一次，但间隔时间不要太长，以免遗忘。至于数学、英语练习，还有理、化、生等，最好准备错题本，当天做的当天整理，而且一定要及时翻看，否则你把它放在那里任其"睡大觉"，不起任何作用。错题本、积累本，花样百出，你可以根据自己的喜好、习惯等，将错题、知识点归类，方便翻阅。比如，我的英语积累本就是按单元归纳的，语文字词按首字母，这样就方便、有条理多了。

　　朱熹说："学贵有疑，小疑则小进，大疑则大进。"学习的过程中，不但要善于发现问题，而且要多问。高三的学生，自主学习的能力应当非常强了，不需要老师强烈督促你学习，老师也不会那样做，这就需要同学们要有超强的自制力和上进心，主动学习、主动问问题。不要害羞，我相信每个老师都会非常热心地为每个问问题的同学耐心解答，你问问题，老师会非常高兴，根本不会嘲笑你。在我们班，经常会有老师和学生唇枪舌剑的局面出现，通过提问和讨论，不仅会解决问题，还会加深对问题的印象。因此，大胆质疑，大胆地问，不论是问同学还是问老师，受益的都是自己。

　　利用好课堂。其实，我们每天大多数学习时间还是课堂时间，利用好这些时间，知识基本就掌握的差不多了，只需要课后巩固一下就可以了。课上认真听讲比什么都强。但问题是有的同学分不清主次，晚上熬夜，白天课堂睡觉，老师讲的听不清，作业不会做，做作业花的时间就长，晚上又要继续熬夜，陷入恶性循环，以至于身体出问题，得不偿失。我记得我们班主任说过，用晚上的两三个小时换白天的七八个小时，划算吗？对于熬不了夜的同学，晚上尽量不要熬得太晚，保证第二天精力最重要。而如果你能保证第二天上课精力充沛，也可以晚上多学一点，但切忌连续熬夜。

早读和晚自习也很重要。早上记忆力最佳，是朗读、背诵的好时间；晚自习不要浪费，对一天的学习进行总结，整理错题本、积累本，巩固提高。

以上说的都是一些大体的方法，还有一些我自己的学习习惯。我是一个文科生，需要背诵的东西自然不少。在记诵的时候，我习惯先列提纲，把握知识整体框架后再记忆，尤其是政治、历史。地理知识比较零碎，需要在做题过程中掌握和积累，总结答题方法，善于联想，由此及彼。语文作文就要平时多积累名言佳句，背诵好的例文，我自己有积累本，把平时看到的和老师发的作文素材整理下来，标明哪个素材可能会运用到哪个话题上，早读时、语文课前就背诵，有米才能下锅，这样在作文时就可以信手拈来了。至于英语嘛，向大家推荐一本教辅——《曲一线五年高考三年模拟》，这本书内容很详细，配有练习，的确很好用。数学是文科生的"老大难"问题，学好数学，一要方法，二要多练，每天必须做题，否则就会生疏。

其实我自己的这些习惯也是老师帮我养成的。高三一年，我非常感谢学校和老师的辛勤付出，他们把自己多年的经验毫无保留地教授给我们，一步一步把我们送进大学校门。我所在的中学有一套自己的教学模式，叫做"BCA教学模式"。上课前老师会出一套学案，叫做BCA学案。B就是Before class的缩写，即课前预习；C就是Class的缩写，即课堂学习；A 就是 After class 的缩写，即课后复习巩固。从高一起，我们就用这样的学案，养成了良好的学习习惯。

而且，老师也教了我们不少方法。比如，每天上语文课的前五分钟，语文老师会随便找一个同学上台背诵最近积累的作文素材，或哲理名言，或名人轶事，或优美的文章段落；每次数学练习和测试中出现的错题，数学老师都会记录下来，让错了哪道题的同学再黑板上重新演算，有时还要讲解；每次英语试卷中出现的生词、短语，老师都会在下一节课听写一遍，加深我们的印象；做过的政治问答题，政治老师会让我们有选择地记忆一些经典例题，不是机械地记答案，而是记答题思路，至于试卷上出现的课本中没有的知识点，老师会让我们补充到课本上，下一节课提问；历史老师会让我们列提纲，还会用多媒体展示；地理老师则教会我们自己总结归纳知识，比如一提到长江，我们马上就会想到有关长江的自然地理环境特点、人文特点、三峡、南水北调等一系列问题。

山东最有特色的是基本能力科目。这一科涵盖了语数外、政史地、理化生所有科目，还有音乐、体育、美术、信息技术、通用技术，以及生活中的小常识，综合能力极强，拓展了我们的知识面，让我们学到了好多知识。

❀ 健康的身体

学习方法固然重要，掌握了恰当的方法，有时确能事半功倍，但身体是革命的本钱，有一个健康的身体，才能全身心地投入学习中。可能很多学生都听自己的学长学姐谈及高中或是高三的"痛苦"生活。确实，高中，尤其是高三的学习很累，但如果你能合理有效地分配时间，劳逸结合，学习就会轻松很多。有的同学又会说，作业那么多，还怎么劳逸结合？是的，作业确实很多，尤其是高三，作业更是铺天盖地，作业是不可能写完的，这就需要你做出选择，该舍弃的就要舍弃，不要做作业的奴隶。我一直是一个精力比较充沛的学生，晚上熬夜到 12 点甚至更晚，第二天上课我还能认真听讲，但我从来都是 12 点之前睡觉，到了考前一个月，我差不多 11 点甚至更早就睡了。每天中午，我都会午睡半个小时。不管有多少作业，一定要保证充足的睡眠。另外最让我感到高兴的一点是，在紧张的高三一年，在许多学校和班级为了节省时间学习而取消体育课的情况下，我们的老师还会每周安排两节体育课，每天上午和下午的大课间都会安排跑操。体育课上，我们可以打羽毛球、打乒乓球、打篮球、踢毽子、慢跑，做各种运动；跑操时，我们大声呼喊我们的班级口号，尽情展现我们的斗志，尽情释放我们的压力。运动，确实为本来枯燥的高中生活增添了许多乐趣。除此之外，合理的饮食也必不可少。有的同学晚上熬得太晚，以至于第二天早上不愿起床，等慢吞吞起来一看，才发觉快要迟到了，于是来不及吃早饭就急匆匆去上学。不吃早饭的现象普遍存在，但我想说，不论多忙，哪怕快要迟到了，早饭也一定要吃，这样才能保证一上午有充足的体力去进行高强度的学习。高三一年，会有很多同学得胃病，有很大原因是不注意饮食所致。未来的路还很长，还要有健康的身体做后盾，为了学习而拖垮身体，实在是不值得，而且对学习也没什么好处。

有些同学会有一些自己的爱好，在学有余力的情况下发展个人爱好并不是什么坏事，还能放松心情，愉悦身心，减轻压力。但并不是什么爱好都可以推崇，像玩电脑游戏啊，看一些很无聊的小说啊等，这时就应该放一放了。毕竟高三还是学习要紧，一些分散精力的事就不要做了。高三一年，我没有玩过手机，没有玩过电脑，即使上网也只是查一些资料，假期时会适当看看电视。到考前最后一个月，我会看一些课外书和杂志，以提高作文水平。而且每个周六、周日晚自习前我们会有半个小时的语文视频时间，这不但让我们放松，而且让我们学到了不少知识，提高了作文水平。

高三，除了保证睡眠，注意饮食，适当有些个人爱好之外，还有非常重要的一点，就是要注意用眼。我已经早早地戴上了眼镜，我不希望我的学弟学妹们在学习压力这么大的情况下，连鼻梁也要承受压力。近视带来的苦恼，是所有戴眼镜的同胞们都能体会到的，所以我希望学弟学妹们，珍惜自己的眼睛，尤其是那些不近视的同学更要珍惜。平时多做眼保健操，课间出去活动一下，放松一下眼睛，给自己留一个清晰的世界。

活好当下，成功不是偶然

平静的心态、正确的学习方法、健康的身体，会助你高考成功。当然，需要付出的汗水自不必说，这是每一名怀揣大学梦想的高三学子必须做到的。但我觉得我们老师有句话说得很好，"如果你是一只柠檬，就不该老去盯着西瓜的甜，而忽视了自身的酸"。学习上需要比较，有比较才知道自己的缺点与不足，但这种比较不是盲目的攀比，考班级后几名的学生完全没有必要去与前几名的学生比高低，你需要做的是和自己比，这一次测试比上一次测试有进步，你就成功了。盲目比较只会徒增烦恼，你最大的对手其实是你自己，超越自我，便是进步。不必以激励自己的名义为自己去定一些远大的目标，在你高考之前能考上什么样的大学，谁都无法预测，你只需要一步一步走下去，不要管将来如何，活好当下就够了。

你不必自卑，因为你不比别人笨；你也不要自负，因为别人不比你笨。学海无涯，彼岸是留给那些肯付出的人。考上大学，不是玩乐的开始、学习的结束，而是人生中又一个新的起点。考上大学，没必要沾沾自喜，没必要举杯欢庆，那代表的是更重的责任、更漫长的跋涉。

我看过许多高考状元写得非常励志的文章，他们笃定自己一定能考上清华、北大这类名牌大学，但我与他们不同，我从来没有想过我能考上北大，但这并不代表我没有自信，我一直相信我的努力会有回报，结果证明确实是这样。考上北大算不得什么成功，但这确实不是一种偶然；考不上北大也算不得什么失败，所以它也决定不了你的命运。"成功不是偶然，失败不是命运"，面对高考，以一颗平常心待之，莫焦虑莫惶恐。"我不能做所有的事，但我仍能做事；虽然我不能做所有的事，但是我也不会拒绝去做任何我能做的事"。面对高考，以一颗上进心待之，莫自卑莫退缩。

相信你的成功不是偶然。

对高中学习生活的几点感悟

> 还有的兴趣爱好，可以直接帮助我们的学习，如看英文电影、美剧，听英文歌曲等，便能提升我们英语的语感、听力。这些爱好是值得提倡的，当然，同样是要适量的。课内任务必须优先完成，其他的活动可以作为课后的调剂。

姓　　名：姜成昱

录取院系：信息科学技术学院

毕业中学：新疆乌鲁木齐市第一中学

获奖情况：第十五届全国青少年信息学奥林匹克联赛省级一等奖

第二十八届全国中学生物理竞赛省级一等奖、全国三等奖

学习经验

高中的学习，打好各个学科的基础是第一位的。不管将来要向哪个方向发展，都必须有个良好的基础。这种基础并不是说种种公式、概念，而是学习的方法、经历。基础从何来？首先就是上课时候老师讲的内容。

对于新的知识，上课一定要认真仔细地听，切记优先听懂，后记笔记。对于一时半会儿不太容易理解的知识点先做标记，之后有时间再慢

慢琢磨，或者请教老师、同学。因为一个问题而耽误后面的课程是得不偿失的。

有不少老师、同学都有这么一种观念，觉得课前做完善的预习工作，勾画出自己不会的内容，上课重点听这些就可以了。更有甚者，喜欢在假期上种种"预科班"，我个人认为这样做大可不必。这样做会花费很多时间，而这些时间用在复习巩固、钻研竞赛，甚至休息、调整上都是更有价值的。毕竟，上课时的效率通常是最高的，有的学生预习做得多，上课却不好好听讲。殊不知，许多我们预习时以为完全明白的内容中藏着不少精彩的方法，有不少重点的细节，而这些方法、细节，老师远远比我们自己理解得深入，听老师讲课，正是从老师那里学习这些方法、细节。

那么，到底应不应该预习呢？当然，肯定是需要预习的，但只要很少量的工作即可。比如，语文的诗词文章，我们只需要查阅一下作者相关资料、写作背景；再比如数理化，上课前一天概览书中标题、图片，保持一种新鲜感其实足矣。

回家之后的复习，对于高中的学生来说往往就是决定成败的关键。学会复习，学会做练习，实际上需要智慧的思考，是很个性的一件事。

基础内容对于大部分人来说都是一样的，需要背诵的内容很多，得沉下心去做这项工作。而数学的基础运算也不能偷懒，种种规范、细节时刻需要注意。这些工作我们往往会觉得"考试时注意一下就好了"，可殊不知自己已经养成了不良的习惯，这对今后的学习十分不利，等到发现了再改正往往需要加倍的付出。

练习时很关键的一点是要有针对性。第一次新学知识的时候，跟着老师布置的练习走是合适的，而之后的自主复习，以及铺天盖地的题海到来时，就必须针对自己的弱项加强练习。越是自己不会做的、不想做的练习就越要去练，对于每次考试做错的题更要格外留心，考完试着重练习它们，或者准备个错题本记下来，有时间看一看、写一写，不仅查缺补漏了，还能增加信心。

对于高中必不可少的复习课，学会利用好课上时间很重要，尤其是对于有竞赛任务在身的同学。上课时老师不可能只针对一两个同学来讲题，而是必须照顾到大多数，所以讲的内容是你非常明白、不会出错的，这时候不妨做一些额外的练习——当然这些练习最好是和这门课相关的小题目，这样可以做到课堂时间的最大化利用。

✿ 父母的引导

我十分感谢我的父母，他们在我很小的时候就起到了很好的引导作用，有很多直到高中才逐渐显示出来。这种引导作用表现在两方面，一是激发对学习的兴趣，二是培养良好的学习习惯。

我的父亲是一名优秀敬业的高中物理教师。在我能听懂话的时候，他就开始给我讲各种物理故事（据他所说，我对于大部分物理故事都能听得津津有味，唯有力学是他用来让我很快睡着的法宝）。我的父亲还多次将一些有趣的、易于上手的儿童"物理实验箱"当作生日礼物送给我。我可以照着说明一点点尝试，尽管当时有很多不明白，但这确实给予了我探索的兴趣动力。这些对我今后的学习，尤其是理科的学习有着不可估量的积极影响。

我母亲在我上幼儿园的时候就教了我基本的计算机操作，甚至教会了我简单的PPT的制作（因为PPT会动，还可以配上声音，我乐此不疲）。再后来我的父母也很支持我购买计算机方面的报刊、书籍，也不反对我拆自己家里的电脑。这让我对计算机产生了很大的兴趣。

我的父母一直很注意培养我阅读、实践的习惯，在我小时候经常陪我一起阅读各种有趣的故事，一起逛书店。我的母亲在我没有上小学的时候就教会了我认拼音、查字典。这让我一上小学就得到了老师的关注，也让我早早爱上了书籍。书是人类进步的阶梯，是获取知识最好的

途径。在当今这个信息化时代，越来越多的人倾向于从网络获取知识，殊不知网络上的信息繁杂，超链接、图片、声音充斥着我们的视野，让人分心的事物太多；而能静下心来翻开书页，认真揣摩、感悟的机会越来越少。因而，小时候培养喜爱读书的习惯尤为重要。

勤于动手实践是家长们应该着重培养孩子们的一种习惯。家长没有必要害怕累着孩子，或者弄脏了衣服，而应该让孩子们去草地上奔跑，到雪地里打滚，多让孩子们做些家务活，多参加集体活动等。这不仅提升了孩子们的动手能力，同样也给予了孩子们更广阔的发展空间。

对于家长和老师，我认为绝不能强加自己的意愿给孩子，这样做确实有可能成功，但更多的是造成孩子的叛逆和两代人之间的隔阂。如果学生很有自己的主见，对某些领域有着强烈的兴趣爱好，那么放手让他们自己去选择，也未尝不好。家长、老师总觉得放手会让孩子们多走弯路，但别忘了，这恰恰也是成长、磨炼的机会。实际上，孩子们的这些兴趣爱好，大多和父母有意或无意的培养有关，上文中提到的我和我的父母就是很好的例子。如果错过了小时候的一些引导，长大后的教育可能会让双方都付出更多汗水和泪水。

我的家长和老师一直都主张给予我们宽松的学习环境。不主张补课、熬夜，也不主张做过的练习。平时布置的任务中，硬性作业和软性作业各占一部分，许多作业都重在思考和理解。课堂上老师也鼓励学生提出异议。在这种环境中，学生可以学得更加愉快，不容易出现厌学的现象，这也利于我们制订出适合自己的学习计划，培养独特的个人能力。这一点，在如今"填鸭式"教学盛行的状况下犹显珍贵。

❀ 课外活动

对于高中生来说，课外活动、个人爱好是必不可少的。我经常参加羽毛球、游泳、滑雪等体育项目，也喜欢和同学聚在一起打桌游、创办自己班级的刊物，平时上网、听歌、吹笛子等。

"磨刀不误砍柴工"。体育锻炼可以提升我们的身体素质，毕竟身体是革命的本钱，和同学活动可以锻炼我们的团队精神、培养人际交往能力。音乐不失为陶冶情操、放松心情的手段……适量的课外活动绝对利大于弊。只要我们掌握好时间，这些活动不仅仅对高中的学习生活有益，对我们今后的成长也会有很大帮助。

还有的兴趣爱好，可以直接帮助我们的学习，如看英文电影、美剧，听英文歌曲等，便能提升我们英语的语感、听力。这些爱好是值得提倡的，当然，同样是要适量的。课内任务必须优先完成，其他的活动可以作为课后的调剂。

至于挫折和压力，是学习、成长过程中必然会面对的挑战。有挫折和压力是好事，它们是激励我们前进的动力。面对挫折和压力，需要的是自信和勇气。自信和勇气从哪里来？实力。只有有了实力，只有不断提升自己的能力，才能战胜挫折，坦然面对压力。不付出汗水就想登上高处是天方夜谭，没有耕耘哪里会有收获。更强的实力又会带来更大的挫折和压力。我们正是在这样一个不断战胜困难的过程中向上攀登，不断接近自己的目标，实现自己的理想的。

物极必反，有的时候过多的挫折和压力不利于高效地学习。我们应该学会自我调节，放松自己。调节的方式有很多，听听音乐，和父母、老师、同学聊聊天，到室外做些体育运动，都是有效的排解方法。我和我的父母有个习惯，临近大考时，都会在晚上出去打打球、散散步，呼吸新鲜空气。比起熬夜复习，我想平时学习任务认真完成了，那么考试前的放松将更加有利于获得一个好成绩。

保持着积极良好的心态，我们将会在求知的道路上走得更远。

未名已鸣

> 从小学到高中，我担任了 12 年的班长，可以说是"资深小干部"，特别是在高二的时候，我成功竞选校学生会主席和北京市学生联合会中学工作委员会主席，可以说是身兼三职。

姓　　名：李广兴

录取院系：政府管理学院

毕业中学：北京市汇文中学

获奖情况：北京市优秀学生干部

北京市青少年道德榜样

北京市应用数学竞赛一等奖

北京市机器人大赛一等奖

又到了盛夏，又到了未名湖畔繁花盛开的季节。我又一次来到了燕园，来到了这高中三年曾因参加活动、做实验而徜徉过许久的园子。而这一次，燕园细腻的微风拂过我的脸颊，却有着别样的滋味。从今天起，我达达的马蹄不是过客，而是归人，是一个将在燕园中学习、生活四年的未名人。

每每坐在湖畔，我常想，这园子中的莘莘学子最像什么？我想，或许再没有什么比未名湖畔的柳树更能代表北大的学子们了。十二年寒窗的积蓄，终于在这盛夏抽出了新的、更加繁盛的枝叶，如那顽强而出的新生命一样令人惊艳；然而短暂的光辉后必然伴随着漫漫的沉寂与积蓄，一群曾经顶着光环的人在这博大而深沉的园子中潜心沉淀，在澄澈的未名湖水旁洗尽铅华，在沧桑的博雅塔下阅尽卷帙。他们是平凡的，如一塔湖图前的柳树一样未名；他们又在这平凡中积蓄着力量，在未来的人生道路上，再一次一鸣惊人。

未名

初中的我是一个中规中矩的好学生，学习努力，遵守纪律，也参加了一些学生工作。但对于未来没有明确的想法与目标，埋头学习，疏于思考。因而成绩虽然名列年级前三却少有非常出彩的表现。为此我也在苦苦寻找，寻找一种适合我的学习方法，寻找如何在保持成绩的前提下使学生工作成为我的亮点的方法。而这些，我终于在升入高中后的继续摸索中找到了答案。

已鸣

"18岁孩子中真正的精英，对世界一些核心的抽象问题都会有非常大的激情。"——抽象思考

对于如何进行高中课内知识的学习，我有一点自己的想法，那就是要多思考。这里的思考，并不仅仅指对课本、习题内容的思考，更重要的是对人生、社会、世界的形而上的和抽象的思考。这种思考，在我们以往的学习中很少得到重视和肯定，有时候还会被家长和老师斥为"胡思乱想"。

但从我个人成长的历程来看，这种对于抽象问题的思考对课内学习，乃至对于综合能力的提高都是大有裨益的。我从高二接触政治课中

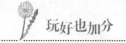

的《哲学生活》开始，便热衷于抽象问题的思考：人活着的意义是什么？人为什么会恐惧？时间是否是线性的？如果不是，那是否真的存在过去、现在、将来的划分？

这些思考大多是在我坐公交车、排队、健身的时候思考的，几乎不会占用日常的学习时间。而这些每次短则几十秒、长则十几分钟的思考，日积月累下来，却为我的课内学习带来极大的帮助。比如，对人生意义的思考使我明白了我为什么活着、为什么学，这就大大地突破了只是知道要学习、学什么、怎么学的层面，使我明白我目前每一点滴的学习与积累都对于我今后的学习有着至关重要的作用，使看似平常的学习被赋予了一种责任感与使命感。因而，学习的积极性和主动性与说教式学习、填鸭式学习自然不可同日而语。

通过对于许多看似抽象、与课内学习无关的思考，我不仅提高了学习的积极性、思维的力度，更有效地调整了心态。诚如北大校友、思想文化领域著名人士薛涌所说："18 岁孩子中真正的精英，对世界一些核心的抽象问题都会有非常大的激情……精英首先意味着对这些大问题的关注和承担。"因而在我看来，这种对于抽象问题的思考不仅能够带动课内学习，更可以增强我们的责任感和动力。

"博学之，审问之，慎思之，明辨之，笃行之。"——批判性思维

《中庸》曾说："博学之，审问之，慎思之，明辨之，笃行之。"在我十二年的学习生活中，我感觉到周围的同学在第一点和最后一点中做得好的非常多，大家都热爱学习，踏踏实实努力，但是中间的三点却被很多同学忽视了。

而这三点——疑问、思索、辨别，便是批判性思维重要而具体的体现，而批判性思维，正是课内学习、人格塑造中非常重要的一个方面。这种批判性思维的缺乏，体现在做题上便是盲目迷信答案、解法单一；体现在学习上就是盲目迷信书本知识，难以拓展视野、站在更新和更高

的角度俯视课本，盲目迷信老师，难以在老师指导下选择更适合自己的学习方法；体现在团队合作中就是缺乏创新意识。

比如，在处理老师教学与自主学习的关系上，我会在充分与老师沟通交流，共同分析自身学习状况的情况下，制订适合自身的学习计划。而对于老师日常针对全班大多数同学布置的任务，我则在确保掌握的前提下较为大胆地、有选择性地去做。而利用那些时间和精力去阅读更加有挑战性的课外书籍，或与老师进行面对面地深入探讨。这些都比一味地完成"平均性"任务更能提高我的学习能力。

我和一些同学交流的时候，有的人说："我觉得老师布置的肯定就是正确的，如果不去完成肯定会有损失，踏踏实实跟着老师走肯定不会错呀!"诚然，老师的经验和能力远在我们之上，老师布置的任务对于我们的学习显然大有裨益。但老师毕竟针对的是整体的情况，而个体的情况只有我们每个人自己最了解，要想真正的使得自己的学习事半功倍，在吸取老师布置的任务的精华之上制订自我的计划是非常有必要的。那种不敢于辩证否定、持不敢于批判地接受的观点的人，自然很难超出平均的水平。

同样地，从长远的发展来看，批判性思维在我们能力培养中的地位就更显得重要。当我们走入大学，再没有人会像高中一样手把手地告诉我们应该做什么，前方未知的路要靠创新才能走出。

"知之者不如好之者，好之者不如乐之者。"——兴趣

提到有助于我学习成绩最重要的两个因素，一个是理想，另一个就是兴趣了。从小到大的学习，我都是在兴趣的指引下进行的，喜欢什么、对什么感兴趣，就花大力气去钻研、去琢磨。孔子曾说："知之者不如好之者，好之者不如乐之者。"只有在学习自己所感兴趣的内容时，我们的全部潜力与积极性才会被挖掘出来，才能在十几年如一日的学习中保持持久的热情，才能最终用我们持之以恒的付出换来丰硕的果实。

　　高一的时候，我的文理科成绩都很出色。我在高一下学期文理分班的时候选择了理科，因为当时总是感觉学理科可能出路更多。然而经过一年半的学习，虽然我的理科成绩依然优异，但是总感觉学习中提不起兴趣，只能花三四成的心思学习。相反，我会花大把的时间去读文史哲的社科书籍，而且对此乐在其中。但此时已是高二下学期，文科的新课很快就要结束、进入一轮复习，这时候转入文科无异于异想天开。然而权衡再三，我还是决定转文。因为我对文科的兴趣与热情使我坚信：即使要从头学习也心甘情愿，我长期课外阅读打下的基础也使我自信，可以很快地追上甚至超过老师的教学进度。

　　果然，在转入文科班之后，我对于文科的兴趣极大地激发了我学习的热情和积极性。相对于在理科班不温不火、被动拖沓的学习状态，我每天都在紧张而充实的生活中度过。哪怕是同时做四本政治练习册，哪怕是一晚上做完半本历史练习题，哪怕是盯着一页地理地图册看上两三个小时，我也没有感到丝毫的疲惫和厌倦，这一切都源于我对于所学内容的极大兴趣。

　　记得曾经在网上看到一篇文章，有些夸张地介绍哈佛大学灯火通明的图书馆。文中曾说"哈佛学生学得太苦了，但是他们明显也是乐在其中。是什么让哈佛的学生能以苦为乐呢？我的体会是，他们对所学领域的强烈兴趣。从这些学生身上，你能感到他们生命的能量在这里被激发了出来。"当然，我在初到文科班时候的小小奋斗远远比不上哈佛的同学们，但支撑我们奋斗不止的都是一样的东西——兴趣。因而，我始终坚持认为，兴趣才是支撑我们学习的最重要的支柱。

　　而兴趣的作用并不止于促进我们持续、热情高涨的学习。出于兴趣，我们不仅会对感兴趣的学科投入更多课内学习的时间，还会花更多的课余时间阅读相关书籍，通过其他渠道获取相关信息。而这个过程，不仅拓宽了我们的视野，扩展了课本的内容，同时大量的阅读与思考可以进一步加深我们对这一学科的理解与认识，这种认知的深度将会远远超过高考所要求的层次。当我们以更宽广的视野、更深入的思考、更严密的想法去面对那些课本中最基本知识汇编成的题目时，一定会轻松地完成的。同时，只有通过这种课内外结合、兴趣带动能力、能力提高成绩的方式获得的知识与能力，才能最终真正转化为我们自身的素养，而不是应试教育中几道简单的 A、B、C、D 选择题。

"为中华崛起而读书"——理想在学习中的核心地位

如果说在我看来什么对于学习最重要，不是形而上的思考，不是批判性思维，也不是兴趣，而是一个人的理想。理想对于学习的影响，在很多人看来是微乎其微甚至经常被忽略，但我自身的经历却告诉我这才是决定一个人在学习，乃至今后事业的道路上能走多远的最根本因素。

我曾经问过我周围很多同学一个相同的问题："你学习是为了什么？"95％甚至以上的同学不是回答"不知道"就是说"考重点大学"，或找一个好工作。然而在我看来，这正是问题所在。现在我们的教育更多的是教学生学什么、怎么学，却没有教会学生为什么而学。曾经，周总理那句"为中华崛起而读书"还在耳边振聋发聩，而今我们却不知道为何而读书学习。当考大学成为目的而不是它本来的角色——实现理想的阶梯的时候，当一个人没有找到他自身理想的时候，他在学习的过程中便会产生种种问题。遇到挫折难以振作、迷恋网游不愿学习、当一天和尚撞一天钟等问题从根源上来说都是因为理想的缺失。失去了理想便会失去学习的动力、努力的方向和奋斗的意义，自然就会为前进路上的困难和外界的诱惑干扰。

而另一方面，拥有理想可以让我们在学习中追求卓越、追求完美、追求极致。因为很多时候我们在高中所学习的内容可能会和大学所学的专业、未来的职业关联不大，因而很多同学就会在这些学科上失去兴趣。比如，有些理科班同学在历史课上睡觉、写数学作业，文科班同学在物理课上读起了《史记》。然而如果一个人有了理想，他便会把一切

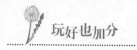

可能的机会看作充实自己、为未来实现理想铺路，因而能够在更多的学科中取得优异的成绩。

法乎其上，得其中也；法乎其中，得其下也。当我们把目光放长远，在追求理想的道路上走下我们坚实的脚步时，高考便只不过是我们人生路上一颗顺手采摘的甜美果实。

"磨刀不误砍柴工"——学习与社会工作关系处理

从小学到高中，我担任了 12 年的班长，可以说是"资深小干部"，特别是在高二的时候，我成功竞选校学生会主席和北京市学生联合会中学工作委员会主席，可以说是身兼三职。但是繁重的社会工作并没有影响我的学习成绩，反而促进我的成绩稳健提升。

究其原因，我认为有以下三点。

一是做学生工作会提高自身的综合能力，而这种综合能力加以恰当地运用便会对课内学习起到极大的带动作用。比如，我做学生工作，组织全班、全校甚至更大范围内的活动时，经常会遇到日常学习生活中很少碰到的挑战与困难，体会到课本之外的成就感与艰辛，这无形中便加深了我对社会、对人生的理解与感悟，锻炼了我在习题中学不到的大局观，以及较强的综合分析等能力。当把这些能力与感悟稍加转化，应用到课内学习的时候，便会发现曾经艰涩难懂的语文大阅读很容易引起我们的共鸣，曾经难于下笔的英语作文变得游刃有余，曾经甚为枯燥的历史人物也能让我们在千年之后，为他们的壮志未酬发出一声由衷的长叹。而这一点点的"入境"方能使我的学习真正沉入其中，真正理解考试中短短几十个字所营造的题目背景与情境。

二是做学生工作可以增强自信。通过组织活动、选拔新人、公开演讲、学生维权等活动，我长期任劳任怨的付出，赢得了同学们的信任和较高的威信。而长时间受到这种信任和威信的潜移默化的影响，我便形成了自信的性格。这种性格的形成对于健全人格的培养、未来的发展都很有好处，体现在日常学习中，这种自信的性格使我相信我一直是一个很优秀的孩子，因而也对于学科学习保持着充分的自信。一个怀疑自己的人可能做不出自己会的题，而一个自信满满的人却有可能突破自己的极限、不断前进。正是在这种自信的心态的带动下，我带着积极的心态和高涨的热情去学习，自然取得了不错的成绩。而出色的成绩又会进一步刺激我的自信心，这样便形成了一个良性循环，在自信心的推动下我不断地进步。这个进步的起点，便是学生工作。

三是做学生工作可以更加严格要求自己。在我当选学生会主席的那一天，我就明白虽然我还是一名普通同学，但却是一名在全校老师和同学们注视下的普通同学。因而一言一行都有可能成为大家谈论、批评或者效仿的对象，在言行上要谨慎、谨慎、再谨慎，在学习方面则只有努力、努力、再努力。这种无形中的压力相对于老师的批评、家长的告诫、学校的规定更有震慑力，因为那是一种无形无声的监督。这种监督体现在每一分、每一秒，贯穿在学习、工作、言行各个方面，作为学生会主席的我对自己的要求也达到了前所未有的严格，严格要求自己的一言一行。正是这段时间的严格自我要求，使得我改掉了原来身上的很多毛病，也促使我在学习上不断地追求卓越。

对于学生工作与学习的关系，我始终坚持着这样一个原则：学习为主，相互促进，工作突出。这个原则也使得我得以在这 12 年中较好地处理了两者的关系。

学习为主便是认准作为学生，当前的主要任务是学习。一旦学习与学生工作发生严重冲突，学生工作要让位于学习。比如，每到期中、期末前的一周，大量的学生会、班级的工作在客观上，难免对我和其他共同工作的同学的考前复习产生了影响，我便会在考前两三周的时候提前将考前一周的任务和工作与大家一起商讨、布置下去，使得同学们能够在距离考试还有一定时间的时候完成这些工作，或者参与这些活动，保证了同学们在考前一周有充足的时间和踏实的状态进行复习。只有明确

画出底线和原则，才能在两者冲突的时候做出及时而正确的选择。

相互促进指的是两者都要重视，学习与学生工作任何一方面提高都会带动另一方面，反之则会拖累另一方面。学生工作完成的出色，就会极大地促进课内学习成绩的提高；如果学习成绩下降，则会影响在学生工作中投入的时间和精力，进而影响学生工作的质量和在同学们中的威信。因而两者可以说是互为唇齿，同时又是相互促进的。

工作突出是指要将学生工作作为自身的、有别于其他同学的一大突出特点来培养。学校中学习优异、乖巧听话的同学有很多，如何在这样优秀的群体中脱颖而出？出色的学生工作便是最好的钥匙。因为大多数的选拔不仅仅看重学习，更重要的是一个人的能力和社会责任感，是看一个人如何做人、做事，学生工作不仅可以培养社会责任感，更可以锻炼各方面的能力。这也无怪乎各种选拔中学生干部经常会脱颖而出了。

❀ 未名

曾经的奋斗与成功都已经被时光悄然翻过，而让我今日置身燕园便是最大的褒奖。梅贻琦先生曾说："所谓大学者，非大楼之谓也，有大师之谓也。"而我却以为，大学之大，不在于大楼，也不仅在于大师，更在于精神之大。北大已经超越了一所普通的大学，它更是中国知识分子，乃至中华民族的精神寄托所在。今日，又一批莘莘学子将在博雅塔下、未名湖畔，如未名柳一般在北大的阳光雨露中茁壮成长。今日的未名，便是明日的一鸣惊人！

燕园路漫漫

所以现在的我是在以一个刚刚走过高中生活的"老人"的口吻，奉劝"小盆友们"一旦有什么想干的事啊，如唱歌啊，跳舞啊，一定要马上付诸行动，拖沓来拖沓去，到最后只能像我们流逝的时光一样，一去不复返了。

姓　　名：李乐婷
录取院系：经济学院
毕业中学：北京市北京师范大学第二附属中学

梦想篇

高考结束后的那天我去了趟北大，阳光照在脸上暖暖的，很舒服，北京大学的牌匾在阳光的微醺下显得那么的古老与神秘。有几个小孩子在门口追跑打闹，天真烂漫而又无忧无虑，突然间想起了自己的小时候。那时候总有大人问：长大了想考哪个大学啊？而自己总是骄傲地扬起下巴，自信地说着："上北大。"有多少的孩子小时候的回答都是去北清（北京大学、清华大学），只是到了最后，在太多的人心中它永远只是个梦想，而总有人，会在你蹉跎岁月看光阴荏苒的时候埋头苦干，将梦想变为现实。

回想自己这十二年的学习生涯，也并非是其他人眼中"学霸"一样的生活，该玩玩，该学学，琴棋书画也都略有了解，唱歌跳舞一样不差，韩剧动漫没少看。如果说有什么与别人不同的话，大概就是一直在奔着目标前进没走弯路。因为一直在向着梦想前进，因为知道那是千万人钦羡不已的最高学府，所以向着最好的初中，向着最好的高中一步步走了过来。梦想是个奇妙的东西，就算你有千万个理由放弃，只要梦想足够坚定，你总会为自己找到一个支撑你走下去的理由。

还记得三年前的我坐在学校的学术报告厅里，听刚刚考上北大的学长学姐介绍经验。那时候，一个考上经济学院的学姐在台上神采飞扬地给我们讲她的学习方法，我看着她意气风发的样子幻想着自己有朝一日站在那里的模样。那一刻我暗暗下定决心，自己一定要努力考上北大。后来身边的人问起时，我总会大声地说出我那美丽的梦想，以至于到了报志愿的时候心里觉得自己其实都没有退路了。小小的自尊心作怪，总觉得那样的豪言壮志都已说出，到最后连志愿都不敢报，尝试一下的勇气都没有是件很丢脸的事。从而我得出一个结论：如果你想做什么事情不要偷偷地藏在心里，找几个见证人，如果不把自己逼到绝境永远都不会知道自己可以做到多优秀。

高三是一个痛苦的旅程，就像是在走一条你永远不知道什么时候才能见到阳光的黑暗路途。踏上征程前的一次班会，老师给我们读了一个刚考上北大的女生的文章。她来自一个普通的高中，虽然事实听起来可能有些残酷，但几乎所有人都认为从那样的一个学校考到全国的最高学府是痴人说梦。她也曾彷徨过、迷惘过，过着颠三倒四的生活，她曾经瞧不起那些戴着像啤酒瓶底一样厚的眼镜的读书人，她认为自己足够聪明与幸运，以至于不用付出丝毫努力，直到在他人不屑的眼光中幡然醒悟。她对自己说：凭什么别人行，我不行？从此她不再要小聪明，不再对外貌过分关注，起床后抹一把脸便走向自习室，走路时背书，吃饭时回想错题，最终在众人钦羡的目光中走入燕园。

我没有那样的文笔写出自己的奋斗史让别人感动与效仿，我只知道在自己要放弃的时候，问自己一句：凭什么别人行，我不行？

活动篇

高中三年大概是每个人一生中最灿烂的时光了，朝气蓬勃又无忧无虑，没有走入社会后的尔虞我诈，也没有纷繁复杂的利益纠葛，单纯而懵懂。在这样的年月里，如果把时间全部投入到那有限的书本中，实在可谓是辜负了良辰美景。可是又有梦想在前面迫使我们不得不努力学习，那么该如何处理好课外活动和课内学习间的关系呢？

春光明媚时就应该走到户外进行体育锻炼，或是培养自己的兴趣。可以的话，学一门乐器或者绘画，与艺术沾边的东西总是能提高一个人的修养。上高中之前总是有数不清的计划，一到了高中又觉得事情太多无从下手，懒惰的念头作祟，各种发展兴趣的想法被一拖再拖，到最终回想起来只是遗憾不已。所以现在的我是在以一个刚刚走过高中生活的"老人"的口吻，奉劝"小盆友们"一旦有什么想干的事啊，如唱歌啊，跳舞啊，一定要马上付诸行动，拖沓来拖沓去，到最后只能像我们流逝的时光一样，一去不复返了。

夏日炎炎时顶一把遮阳伞，走遍千山万水，看遍美丽的风景，随手记录下旅途中的所见所思，也许有时会灵光一现，文思泉涌，写下的一篇篇文章于是就都成了人生中最宝贵的财富。趁着长长的暑假，就拎着旅行箱踏上旅途吧，我们会遇到不同的人、不同的事，体验到各地的风土民俗，视野开阔了以后再来看我们面前厚厚的书本，会有一种轻松而又释然的感觉。如果有机会的话，跟着学校去国外做交流活动是最有意义的一件事，交几个外国朋友，增长见识的同时也提高英语水平，何乐而不为呢？

秋高气爽时是出游的好时候，爬山、骑车还有各种各样的运动通通

都要玩个遍。"身体是革命的本钱"这句话在经历了无数的检验之后已经成为了一条毋庸置疑的真理。趁着热热闹闹的运动会，去跑上几圈，为班级争光也锻炼身体。文科班的女生总是容易给人过于柔弱的形象，可是我们在操场上飞奔的身影同样也是英姿飒爽。闲暇时打打篮球，衣服被汗水打湿的同时，心中的抑郁之气也一扫而空。上学前去晨练或者放学后在操场上跑一圈再回家，听起来是一件多么不可能的事，可是班里就有小姑娘硬生生地坚持了三年，虽说是以减肥为初衷，但真的获益匪浅。

寒冬腊月时窝在家里抱着暖炉，捧一本散文集或是古诗词，细细品味其中的字句，再泡上一杯暖暖的咖啡，应该是一年中最幸福的时候了。冬天干冷的气候总是给我们带来了很多不便，但在寒假的时候做一做宅男宅女，看看书、弹弹琴好像日子很平静、很舒服地就过去了。

我知道当别人看到我这些文字的时候肯定会抱怨连天地说我不切实际，可是若非真正经历过又怎会有如此多美好的回忆，以及因为懒惰而耽搁正事的懊恼？确实，按照我所说的这些课外活动似乎"过于"丰富了，但对于有毅力的人来说这都是小事，我见过三年把图书馆的英文小说看遍的同学，也接触过身兼数职社会活动而成绩始终优异的同学。文科学习在高三以前基本没有什么负担，作业也少得可怜，剩下大把的时间由自己去支配。"春困秋乏夏打盹，睡不醒的冬三月"同样也是一种生活方式，只要你选择一条不会让自己后悔的路、一条适合自己的路便是最好的。每个人有每个人的活法，又何必强求呢？

学习篇

如果不是学习语文，我不会看到史记里那些鲜活的历史人物的智慧。如果没有接触数学，我不会感受到在解开一道难题时的欣喜。如果远离英语，我将会错过多少的美文佳句。如果没有历史，我永远也不会知道秦始皇在哪年建立了统一的多民族国家。如果少了地理的陪伴，我又怎会知道名山大川、风景名胜的成因。如果不曾被满是拗口句子的政治折磨，恐怕新闻与时政对于我来说只是陌生的字眼。

学习本就是一件苦中作乐的事，背书、做题、顶着黑眼圈听课的时候，曾发了疯地想要远离一切和学习有关的事物，真正掌握了之后却发现想要了解得更多，就像有一个未知的世界在邀请我们。所以关键就在于掌握，大概也可以说是所谓的培养兴趣吧。

文科的知识很宽泛，上知天文下通地理，而老师在课上往往会扩展再扩展却忽略了最基本的课本内容，所以对于我们这些课上被唬得晕头转向的小文科生来说，破解的秘诀便是课前预习、课后复习。课前预习能够给你大体的了解，避免了一问三不知的窘境；课后复习巩固知识，在思考与回放中加深记忆，将老师传授的内容变为自己的智慧。而自学能力也是最重要的一项能力之一，文综学习中总会有数不清的课题被布置下来，在研究这些课题的时候我们可以一步步地深入，将知识逐渐地呈现在眼前。当对于基本的知识有了印象后，跟随着老师的指引思考那些有深度的问题，深入挖掘一个现象的本质，直到找到一个属于自己的答案，如此便可谓是融会贯通，将自己的所学、所思、所感交汇而最终提高自己的能力。有人说学文科除了背书没有什么捷径，也确实如此，但我们可以通过自学能力让自己学的知识对我们的人生给予更大的帮助。

数学的关键在精讲精练，同样一道题可以用不同的方法解决。做题不在多而在精，把一道题的所有方法都弄懂后选择最好用的那种，由此便可推而广之解开一类难题。学习数学的时候要循序渐进，将原理琢磨透彻再加以应用。做题时谨慎小心，一步三回头，很多时候，某一步上一个小小的误差便会令答案离题万里。

语文的魅力不在于书本，而在书本外那茫茫书海。"书读百遍其义自现"、"天下文章一大抄"，这些话虽然听起来俗气，却都在指引着我们多读书，读好书。我总是很欣赏那些文字优美流畅、思想深刻的文章，听别人读起时就连空气中都像是有美妙的音符在跳动。那时候很羡慕年级里一个女生，每次她的文章都被选进范文，她的文字总是很细腻，每一个字都写进我的心里。直到有一天我翻开一本席慕蓉的诗歌散文集，细细研读其中的字句却看到了那么多熟悉的字眼。多积累多运用，把记忆中的辞藻佳句运用到自己的文章中，文章即会添色不少。现在的我也在努力地多读书多写文，虽然已经错过了学语文的黄金时期，但即使错过了早晨的太阳，我还是可以抓住夜晚的星辰的不是么？而如果你们从高中一开始就读书积累，到高考时面对那篇 800 字的文章，岂不是可以把它当作一份作品来洋洋洒洒地完成么？

英语的诀窍嘛，背书、背书、再背书。学习语言多听多练是不可避免的，看视频、听音乐、多读书、见到外国人就冲上去交流之类的真是亘古不变的法则。如果以我自己的经验来说的话，对于做题最有用的应该是适当地给自己提高一下难度。比如，做高考阅读感觉难度不大却还不尽善尽美的时候，我就会去做四级阅读，生词很多、挑战很大，但读多了之后连阅读速度都变快了。听力不过瘾的时候就去做 TPO（托福在线考试练习），被外国课堂中 incredible 的语速磨炼后，发现 38 套中的英语听力完全小 case。

历史除了背，我还能说什么呢。做总结、理清结构，按时间、国家、事件类型分别顺几遍，7 遍背下来后，你会发现时间、人物、地点、内容、意义已经深深地烙印在脑海里了。总复习之前的建议呢，还是多读书，史学大家的书籍总会引领我们以睿智的眼光去理解历史，他们用幽默风趣的语言娓娓道来尘封千年的往事。历史不是枯燥无味的文字堆积，当历史人物的形象鲜活地展现在我们面前时，历史其实并非如此遥不可及。

地理学起来很费劲啊，有没有？经纬线、时区、太阳直射角定位、地理现象成因、板块漂移什么的真的很恼人啊。遇到一个好老师是我地理学好的最大因素，至于自己的努力呢，错题总结是一定要做的。要从每道题中提炼答题套路，再按大的类别分开，如工业、农业等，根据新的具体题目分析材料，所谓"具体问题具体分析"是也。

政治是让所有文科生最头疼的科目，要背的东西逻辑关系支离破碎，答题时材料分析面积广难拿分，得分点永远是你想不到的那句话。不过经济生活很有意思，按照逻辑和原理一步步地往前推，推导出最终想要的结果，然后用文字表达出来，得分点就全部到手了。文化生活把书中的大字小字都记下来，遇到题目就使劲往里套，材料分析也用书中的话，改动一下分析对象就好。政治生活和哲学则是靠理解，没有什么捷径，要自己去细细体会。

学习这件苦差事啊，就像是打怪兽，要一个一个把困难解决掉，到最后就会不知不觉地走到胜利的顶峰。

后悔篇

高中三年我有很多后悔的事，其实其中很多事情学长学姐已经提醒过我们，可惜到最后因为自己的无法坚持只能留下遗憾。我在这里列下来，希望能给未来的学弟学妹们提供借鉴。

（1）高一的时候参加了模拟联合国社团，可是因为觉得开会时的准备工作过于麻烦而荒废了。现在很羡慕那些去哈佛参加全球模拟联合国大会的同学，培养自己的领袖气质，还可以结交好朋友。

（2）运动会的时候只是报了个项目"打酱油"，没有好好练习。其实很想在操场上卖力地奔跑。

（3）没有参加学生会的竞选，当时幼稚地认为去竞选显得很功利，可事实是，在学生会的工作很有意义。

（4）辩论赛的时候认为事不关己，便放弃了参与的机会，直到现在口才还是很差。

（5）研究性学习开始做的时候壮志满怀地觉得一定可以做出一个很棒的成果，到最后嫌麻烦也是糊弄过去了，勉勉强强得了个奖。直到后来看到学妹们做同样课题的成果后，羞愧不已。

（6）没有好好去参加体育活动，导致在仅有的几次羽毛球活动中把腿摔坏了，还为此在医院躺了两个月。

（7）在医院躺着的时候没有多看点书而是将时间浪费在发呆上了。

（8）高一、高二时，晚上睡得太早以至于把很多时间放在了睡梦中，如果可以晚点睡多读点书，那么自己也许不会这么无知与幼稚。

（9）作为文科生没有好好学习物理、化学，觉得很多时候跟理科生比起来，在现实生活中很笨。

（10）学小提琴但是没有好好练习，长进一直不大，直到后来放弃，而同时学的同学已经可以拉出梁祝这样的名曲。到现在，自己在乐器上没有一技之长，很难过。

后悔的事还有很多，这些是原本最有可能实现的，然而时光如水流般一去不复返，只可惜世上没有后悔药。多希望后来的人可以看到我们的懊悔，通过努力让自己变得更加优秀，不为自己错过的事而后悔。

总结篇

未来的路很长，而高考只是其中的一个十字路口，不论结果怎样，是金子总会发光的。在这场千军万马过独木桥的战争中，你只要战胜自己便是成功者。

不要过多地去想会有怎样的结果，做到最好的自己，不做让自己后悔的事情即可。

希望有一天我们都可以实现最初的梦想。

May god bless us all.

兴趣是底色

时间是有限的，同时要投入时间在竞赛与高考的我们，自然相对于只要高考的学生要辛苦一些。若是没有兴趣，那么这将是一场痛苦的战斗。至少我自认为没有如此大的毅力与耐心，能够花费如此多的时间与精力在一件我不喜欢的事情上，并最终取得一个良好的成绩。当然我不否认有人能够做到，但对我而言有了兴趣，才会有动力，才能够坚持并跨越这重重阻碍。

姓　　名：李露颖
录取院系：数学科学学院
毕业中学：湖北省武汉钢铁集团公司第三子弟中学
获奖情况：全国数学奥林匹克一等奖（金牌）

我想，我的成长经历应该与大多数的"北大人"并不相同。

我小学是在一所名叫新河街的学校就读的，我认为那并不能说是一所好的小学，至少我的初中、高中同学中没有人听说过这个学校。在我妈看来，有关小学的选择应该是在就近原则下选择一个比较好的，因此我的小学只是在我家附近的两个小学中选择较好的那一个。小学期间，我的生活应该说是很幸福的，当然，如果没有和大多数学生一样的兴趣班我想我会更幸福。围棋、跳舞、书法、国画、水粉、黑管……我学的多而不精，大部分都只学了一年甚至一个学期。除却黑管外的种种我都已经忘得一干二净，只有我学过这个的印象。当然开始学的时候都觉得还挺有趣的，但作为一个小学生的我，对这些所谓的兴趣爱好都只有 3 分钟热度，加之并没有持之以恒的耐心，对这些东西的兴趣也就只有几天罢了。对黑管的学习，我坚持到了上高中之前，是在我妈的压迫下进行的，她要求我至少可以达到一定程度，以后高考不行还可以朝艺术生进发。我考到了 9 级，只是后来确实是没有时间练它了。

数学能坚持下来则是我的个人兴趣了，兴趣不愧是人最好的老师，我在数学上能走到今天这一步，兴趣是最重要的理由之一。关于数学，应该说是我的母亲进行的启蒙教育，用的是一套我忘记了名字的竞赛书。我妈给我讲了一、二年级的内容，效果未知。在我从三年级升四年级的暑假，由于我当时的语文老师的一句提醒，我妈给我报了一个培优班。不得不说，这个培优班对我的影响很大，我对数学的兴趣能够延续下来，应该说这是很大一部分的原因。对于这个培优班，我印象最深刻的一点是办这个班的老师刘嘉，他同时也是我所在的那个班上课的老师，我印象最为深刻的是他的思路，在当时的我看来十分神奇，现在年代太久远以至于我不记得具体的了，就只记得是非常神奇的思路，看起来很复杂的问题，往往在他的奇思妙想下变得简单有趣，那是我认识到数学的美与趣味性的开始。他的课让我觉得这不是痛苦的学习，而是有趣的思维活动，像玩乐与游戏一般。因此，我基本上是一课不落地听课，甚至为此放弃了去海南旅游的机会，那可是我最喜欢去的地方。不过对于当时的我而言，虽然对数学非常感兴趣，上课时认真听讲并且认真地做笔记，但也仅限于此，我所有的作业几乎都是空白的，动笔的很少，做完了的更少。结果就是考试的成绩一直在中上部，从未考过前十之类的漂亮成绩，但也没有调出过 A 班。对我来说，能够留在刘嘉亲自讲课的 A 班，听得到刘嘉老师讲课也就满足了，并不强求座位多么靠前，也因此，一直是我认识刘嘉老师，但是他不认识我。

可以说，我的数学虽说在我所在的小学算是比较不错的，但是在武汉市哪怕是武昌区都并不出众。在我六年级得到小学奥林匹克数学竞赛的一等奖之前，我爸妈笑称我为"万年李老二"，因为我之前所有参加的数学竞赛都得到的是二等奖，希望杯、创新杯、华杯赛及培优班内部的考试等。但是六年级的最后一次考试，也就是小学数学奥林匹克中我发挥极好，得了我小学期间唯一的一个一等奖。运气很好的我凭借这个一等奖成功地免交了所去初中的借读费。

在我妈看来，小学的优劣并不能决定一个人未来的走向，而中学则不同。中学对一个人未来的成长还是相当重要的。

刚入初中的时候我的成绩还是不错的，入学考试取得了全校第六名的成绩，第二次考到了全校第五名。但是由于种种原因，我并不能很好地融入这个环境。那是我非常消极的一个学期，我觉得很难受。我开始下课就睡觉，后来，上课有时也睡觉。最终，这种状态影响到了我的学习成绩，我的成绩直线下滑到了全班第11名、全校第80名。这终于给我敲响了警钟，我觉得我不能这么下去了，我开始补习我的弱势学科语文和英语，但是滑下去的成绩却并不容易提高，最终我的成绩稳定在了全校第40名左右。

最终我还是幸运的，在经历了几番波折和家人的讨论后，我的高中选择了武钢三中。而这一切在我看来，依旧还是托了数学的福。

时至今日，我想我是爱武钢三中的。在这里我认识了一群单纯可爱的同学，她们让我觉得非常舒服，这和我在初中的感受完全不同；在这里我有幸认识了一群认真负责的老师，他们让我觉得能够在武钢三中学习，我是幸运的。由于我一开始就是奔着这里的竞赛来的，我果断地选择了竞赛到底。今天看来，我这个决定是非常正确的，若是参加高考的话，我正常发挥的水准应该是武汉大学、华中科技大学之列，而竞赛，无疑给了我另一条路。一边竞赛一边高考的学习自然是辛苦的，需要我去平衡两者花费的时间与精力，但是我并不觉得痛苦，因为数学是我感兴趣的学科，当我花了很长时间尝试去解答一道数学题，并最终通过我的努力将它解决的时候，我会感到一种满足感与成就感，从而觉得花费在这个问题上的时间与精力得到了回报。若是一个问题我思考良久后依然没有头绪，有时我会选择翻阅答案，感受他人的解题思路，或许会看到一些奇巧的方法，然后会感慨为什么我就没有想到这么神奇的方法。当然也有感觉无聊，不想做题之类的时候，这个时候我一般就去做别的事情了，看看其他科目的书，或者做其他科目的作业，而不是去强求。因为我总觉得，拥有一个良好的心态才能更有效率地解题，也才能将题目解答好。

但是在高中，我的成绩依然不出众。竞赛也好，常规课程也罢，我的成绩都只能说处于中上游吧，绝对不是最前端的几个人之一。我们班高一有人获得联赛的三等奖，高二有人获得联赛的一等奖。而我，高一时是纯粹"打了一趟酱油"，高二时则只得到了三等奖。虽说高二那年有发挥失误的因素在里面，但我肯定是只有二等奖的水平的。至于女子奥赛，高二那年我只有二等奖，高三虽然得到了一个一等奖，但是一共20个一等奖而我则是第18名。

相信看到这里，你已经可以想象，当老师通知我进了冬令营的时候，我唯一的感觉就是天上突然噼里啪啦地砸下了一堆鸡腿，有这个感觉的人不止我一个，当时我妈接到老师的电话后，跟我爸说的第一句话就是："你知道吗？天上掉馅饼了！"

对于整个中国的大部分学生而言，北大、清华都是一个美好的向往。小学时期的我曾大声宣称要上北大，那是儿童时期初生牛犊不怕虎的勇敢，却更是一种愚蠢，因为我并没有付出与之相对的努力，话语依然只停留在这句话上罢了。初中，高中，一年又一年，我在靠近我的梦想，却也在远离它。一步步走来，才知道今天这个结果有多么不容易，而我，又是多么幸运。论实力而言，我是不如很多考在我后面的人的，虽然我想相差的并不多，但绝对是有差距的，自身的实力往往是自己看得最清楚。然而我为什么今日得以荣幸地成为一名"北大人"？我想是因为以下几点。

第一点是兴趣。兴趣是最好的老师。时间是有限的，同时要投入时间在竞赛与高考的我们，自然相对于只要高考的学生要辛苦一些。若是没有兴趣，那么这将是一场痛苦的战斗。至少我自认为没有如此大的毅力与耐心，能够花费如此多的时间与精力在一件我不喜欢的事情上，并最终取得一个良好的成绩。当然我不否认有人能够做到，但对我而言有了兴趣，才会有动力，才能够坚持并跨越这重重阻碍。

第二点是实力。如果说兴趣是良好的导师引你入门，那么我觉得，实力是最重要的基石。没有实力一切都是空谈。拥有解题的实力，题目才可能解答出来。而实力的形成，则是靠日积月累的练习与做题，当然教练的讲解也非常重要。

第三点是有一个好老师。虽说"师傅领进门，修行在个人"，但是往往"领进门"的这一步至关重要。至少在我看来，能走到今天，我的老师拥有大部分的功劳，剩下的小部分是我的。若没有进入到这个班级选择这门竞赛，我自己无论如何都不可能拿到一等奖的。

第四点是心态。心态的重要性无需我多言，尤其是重要考试时，更要拥有一个良好的心态。心态决定了能否正常发挥，或者超常发挥。我联赛与冬令营考试的成功，拥有良好的心态是重要的原因之一。而国家队选拔考试的失败，我认为也是心态的原因，那次考试的第一天我的心态乱了，第二天依旧没有调整过来，直接导致了我整个比赛的失利。此外，我要感谢我的父母，在别的同学的目标定在一等奖或者冬令营，致使他们压力很大的时候，我的父母只要求我得到一个二等奖。因此，在考试的那段时间，我一直没有受到从我父母那边来的压力，我想，这也是我有一个良好心态应考的原因。

第五点是投入。我这里说的是解题的投入。投入地思考一个问题，一方面大脑运转得更快，另一方面则是一旦投入了，自然没有时间去担心其他的事情了。这对于调节心态有一个良好的辅助作用。

第六点是坚持。投入之后还要坚持，哪怕暂时的想法是散乱的，或者看似无用的，但坚持下去有时会看到曙光。走到无路可走的时候，也许就是这个问题正确的解决方式，不过也可能是完全错误的，但是坚持下去，最终无论对错都是一个结果。对了自然好，错了也是排除了一条路，离终点又近了一步，失败是成功之母。至少在我看来，我联赛能够解答出来最后一道大题就是因为我的投入与坚持，一直地寻求思路不放弃，最终让我找到了正确的解题方法，这是我得以进入冬令营至关重要的一题。还记得当时那道题我终于解答出来的时候，心里的那种高兴与快乐。

最后一点则是运气。运气这种玄之又玄的东西真的不好说，不过还是把它列了进来，因为我觉得我真的是非常幸运能够走到今天这一步。

我想，在众人的眼中我无疑是中学生竞赛的受益者。在我看来，中学生竞赛本身并没有过错。它让拥有一技之长却并不十分全面的学生有了展示他们才华的平台，它应该是对某一学科有特殊兴趣的学子们扩充知识的途径。

学路感悟

　　我们总是嚷着"劳逸结合"，但真正做到的恐怕没有几个人。同学们也知道整日埋头苦干效率不会很高，但我们却总不能相信更高的学习效率竟来自适度的休闲娱乐。适当的放松，便是调整思路的不二法门。

姓　　名：李泽地
录取院系：光华管理学院
毕业中学：湖南省长沙市雅礼中学
获奖情况：2011 年度全国生物联赛省二等奖

　　恍惚间，高考已经过去了将近两个月，一段充满梦想与追逐的青春岁月渐行渐远。当清理书柜里堆积如山的书本试卷时，过去三年的点点滴滴在我脑海里慢慢重现。仔细想想，我能够考上这所梦想中的学府，或许并不是偶然。

　　首先，我可以毫不夸张地说，我一向是班上最不爱学习的那一小部分人之一。进入高中后，我一度因为过分贪玩，成绩"稳定"在年级倒数，甚至由于长期夜不归宿被学校勒令退寝。初入高二，经过一段深刻的自我反省，我下定决心要把成绩赶上来，而面临的最大难关便是基础知识的不牢靠。好友劝我去看诸如《五年高考 三年模拟》这些教辅书，而我选择的却是另一条路——阅读教材。或许，这正是促成我峰回路

转、柳暗花明的那根救命稻草。

　　说到教材，不可能有人不熟悉，或许你认为上面的知识你早已谙熟于心，但当你静下心来仔细翻阅时，便会发现并不是这么回事。在我们的教学系统中，教材的作用受到多媒体、教辅书的强烈冲击。相对于多媒体，它缺少生动性与趣味性；相对于教辅书，它所包含的内容似乎又太少太肤浅。于是很多老师在课本方面都是一带而过，特别是数学，我的几本数学书几乎都是全新的。有意思的是，经过分析，高考数学的大部分题目都可以在教材上看到影子。忽视教材，在教辅书上看似学到了更多的东西，做了更多的题目，其实却正是丢失了学习的灵魂。用温习教材的方法，我成功地在花费较少时间、精力的情况下填补了之前大部分的知识漏洞，重新回到了学习的正轨。

　　随着时间的推移，周围的同学似乎都陷入了无穷无尽的题目当中。有些同学认为只有疯狂做题才能使成绩得到提升，而更多同学则是怀着"别人都在刷题，我不刷题的话就会落后"的思想强迫自己跳入题海。我是理科生，承认做题目确实是理科成绩提高的必要因素，但是过分投入甚至是神化做题的作用绝对不可取。做题是学习、运用知识的过程，但它不能代替知识本身。班上就有很多同学，平时一个劲地埋头做题，却总被老师问的那些基础知识问题噎住，我相信这应该是当前高中生的普遍状况，而这正是我们所需要反思的。很多人熟悉了各种参考书上五花八门的题型，所以在平时做题的时候感觉"游刃有余"，但高考最大的特点就是跳出那些俗烂题型而直攻你的知识漏洞，这使得很多同学在关键之役败下阵来。我所做的题，基本局限于老师布置的家庭作业中。我相信，做题不在多而在精，只要保持一个基本的题感，完全可以把其他时间投入知识巩固等更有意义的事情中。有些同学看我学得轻松，很是不解，其实是因为他们没有意识到这种更有效率的学习方法。

　　其次，我们都知道，考试不仅拼的是知识水平，更是一场心理素质的较量。要说良好的考场心态，肯定不是一两天通过训练可以获得的，这是平时的学习生活中一点一滴的积累。这次高考，班上有些同学出现了令人无法想象的发挥失常，而他们都有几个共同点——考前失眠、胃口不好、在考场头晕等，而这基本上就是过度紧张的表现。而回头看看这些同学的高中三年，无一不是在来自各方面的庞大压力下挣扎过来的。尤其是那些平时成绩中上水平的同学，为了提高成绩终日沉闷地刷题，沉默寡言、缺乏活力，体育课也是憋在旁边背单词，这样怎么可能会有一个好的心态呢？我每周学习之余，都会抽出一个下午，和几位好朋友切磋羽毛球技，大汗淋漓中不仅锻炼了身体，也让紧绷了一周的神经得到一次彻底的放松。另外，一些报纸、杂志的阅读也对我的心理调节、知识面拓宽起到了很好的帮助作用。

我的家人从未给我定过什么明确的目标，我自然也乐得轻松快活。我平时最爱做的事就是看漫画、打游戏，在学校举行的电子竞技比赛中总能稳拿名次，这在很多同学和家长眼中都是不可思议的。在这里我想说的是，其实学习和娱乐生活并不冲突，甚至可以找到一个互相促进的和谐点。我们总是嚷着"劳逸结合"，但真正做到的恐怕没有几个人。同学们也知道整日埋头苦干效率不会很高，但我们却总不能相信更高的学习效率竟来自适度的休闲娱乐。当我们持续学习超过一定时间后，大脑会产生相应的麻木，思路会走进一个死胡同，如果一意孤行，那结果必然是事倍功半。而适当的放松，便是调整思路的不二法门。而且，偶尔将目光转移到学习以外的地方，我们还能收获到许多平时在书本上无法学到的知识、体悟，这个需要大家自己去体会。或许，你会在一本课外书上重新发现生活的精彩；或许，你会在一次小聚会上遇到今后一生的挚友……世界那么大，如果只是把自己埋在圣贤书中，那么你真的会失去很多。同时，即使从贴近高考现实的角度来讲，娱乐生活也能带给我们很多。班上同学总是奇怪，为什么在从未背过单词的情况下我能有相对丰富的词汇量，其实原因有点可笑：这几年来，我坚持只玩英文游戏，在玩电脑的时候旁边总放着本英汉词典，遇到游戏中的生词就会在翻阅后记在心里。不过不管怎么说，这也只是我贪玩的一个副产物，鉴于玩游戏容易上瘾的现实，大家还是不要在这方面效仿我了。说到背单词，我绝对不推荐抱着四、六级词汇书机械地去啃，这样既容易忘记也不便于掌握对单词的运用。相比而言，课余时间看看英文报纸、杂志，绝对是又轻松又有趣而又高效的方法，这同样也是对紧张学习生活的一个良好调整。

不知不觉也说了这么多了，我所想表示的其实很简单：不能让自己沦为一个学习、做题的机器。我们要明确，学习知识的目的是在将来的生活中去运用，而不是单纯地去做几道题。把握高效的学习方法，同时不断努力去提升自己的综合能力，这才是成功之道。

给学弟学妹的一封信

不妨把握和争取机会，好好地增值自己，为自己储备好不同方面的弹药，未来在社会上磨炼时才能一展所长。乔布斯当年也想不到自己学习的美式书法，会在未来创造电脑页面时大派用场，成为一个不变的神话。

姓　　名：林咏茵
录取院系：法学院
毕业中学：香港旅港开平商会中学
获奖情况：香港学校音乐及朗诵节——个人独诵（第一名）、戏剧（第一名）、二人
　　　　　戏剧（第二名）、歌唱比赛个人独唱（第一名）、合唱戏（第三名）

致每一位有抱负的年轻人：

出生在香港这个小小的城市，进入我国学术首府北京大学是我一直奋斗的理想。现在我希望和学弟学妹分享自己的学习和成长经验，以鼓励你们勇敢地挑战自己，让自己在人生的各方面不断进步、不断强大。

在人生的路上，离不开的是学习。而学习不单单是指学习书本教导的知识，更多的是学习人生的态度，学习做人处事的技巧，学习贡献社会的精神。简单来说，学习源于我们日常的生活，只是我们经常忽略了习以为常的事情，因而错失了学习的机会。我希望提醒各位有志向、有抱负的学弟学妹们，重视人生学习各个层面的细节。

第一，我想分享的是学习的态度。我们必须学习的是认识自己的渺

小，以谦虚好学的心学习。要抓住每一个机会迎接生活上的各项挑战，将其化为自己的养分以发展潜能。每一个人都是独一无二的宝藏，故此我们要抓住身边每一个人，学习他们的优点，也了解他们的缺点。我是香港两个资优教育计划的学生，包括香港资优教育学院和香港中文大学资优计划。它们除了证明了我在学习上的能力，更为我提供了一个平台，让我与其他杰出的同学做学习上的交流。在不断交流的过程中，我认识到自己的渺小，因而获得了不断进步的原动力。他们出色的表现促进了我们的良性竞争和激励我要进一步发展自己的潜能。承认自己的渺小是使自己强大的第一步。

第二，要拓宽我们学习的空间和领域。事实上，知识就是力量，知识可以改变世界，这些是不争的事实。知识就是我们的眼睛，让我们开拓眼界，放眼世界。我相信你们必然明白阅读的重要性，而我只希望在这里提一个重点：不要因自己的框框妨碍自己拥有更大的进步空间。我明白每个人有自己的兴趣，不一定喜欢其他类型的书籍。可是世界万物都有着微妙的关系，能够辅助达致通才学习的境界。通才学习能丰富自己的内涵，把握到学习的精髓，体悟出自己的人生道理。而最重要的是你也不能确定其他类型的知识会在未来的某一刻发挥作用。《名侦探柯南》是一系列全球畅销的侦探小说，而其成功的最大原因是作者把经中史地、科学语言等知识融入每一个故事，使它们更富深度，引人入胜。我们应开辟多元的学习范围，为自己创造更多的不可能。

知识是我们的眼睛，是引导我们前进的钥匙。可是我们不能满足和把自己局限在课本中，而是要在生活中吸收经验，把它融为自己成长的技巧。比如说我深信学习一门语言，就必定要在日常生活之中沉浸，并持之以恒地练习。因此，我参加了中文演辩队、英语辩论队和众多的中英话剧和演讲比赛，以提高钻研两种语言的有效性。经过不同的比赛和交流，我掌握了使用不同的语言，包括普通话、英语和广东话，在日常对话中表达自己及与别人沟通交流。随着频繁的培训和实践，我具备了独立思考的能力和高层次的演讲及辩论技巧。我参加的这些课外活动，培养了不同的技巧，恰恰对我未来修读的法律有着很大的帮助。也可能反过来说，是这些经验暗暗地促成了我对法律的热诚。所以说，不妨把握和争取机会，好好地增值自己，为自己储备好不同方面的弹药，未来在社会上磨炼时才能一展所长。乔布斯当年也想不到自己学习的美式书法，会在未来创造电脑页面时大派用场，成为一个不变的神话。

　　第三就是争取机会，迎接生命中的每一个挑战吧。我喜欢迎接挑战，因此，我视每一个困难为进步的踏脚石。我一直相信机会是自己争取的，不要害怕生命中的荆棘，把它当作学习的机会，因为人只能在失败中得到最大的进步和改变。勇敢尝试，只要踏出第一步后，你会发现自己得到的比你想象的多呢！小时候的我是个比较害羞的女生，可是我现在可以自信地站在台上，表现自己。现在的我经常担任学校重要仪式的主持，包括由香港立法会主席曾钰成先生的讲座、名作家的介绍会和学生会日等。我也是一名体育赛事及早会的广播员，经常对不同的人演讲和表达我的看法。我不相信我的天分比其他人好，可是往后的这些机会都源于第一次的尝试。同时，拥有了这些珍贵的经验，不但令我能自信地面对众多的人，而且培养了我解决问题及应变的能力。我们要明白这些技巧是一点一滴积存下来的，而绝对不是上天的礼物。

　　你或许会问，什么是最好的学习方法？这便是我要提到的第四点。我只能说，每一个独立的人都有适合自己的学习方法，世界上不可能有一套学习方法能够适用于每一个人。所以真正的学习方法建基于学习的动机，而学习的动机就是人生的目标。简单来说，要找到适合自己的学习方法，就必须先探索自己的兴趣和潜能，再建立自己的目标和理想。因为目标和理想是激励我们上进的灵药，也是成功的动力。我鼓励你们认识社会不同阶层、背景的人，探索世上不同的事物，找寻自己的兴趣，为自己往后的岁月定下目标，再努力地达成。以下我会跟大家分享我找寻理想的一个小故事。

　　我一直活跃于国内外的交流活动，为的是丰富个人的人生阅历，也为了在探索中追寻到我的目标。在短短的三年高中的生活中，尽管要应付香港的大学考试，我也参加了五个交流团。而在交流团中得到的是经验和眼界，也是目标。有了目标，就有了学习的动力，也燃烧了心中的热情。就在两年前，我参加了一个美国爱荷华大学的交流团，当时我与美国、中国内地和中国香港的学生交流了我们各自对国家发展的期望，又讨论了各地区在法律、政治上的异同，让我发现自己对政治及法律的议题非常感兴趣。因为这一份接触与了解，我立志要修读法律，这份坚决、这份热诚推动我要一直地壮大自己，成为在面对考试时的动力。

　　在这里，我也跟大家分享一个学习的小窍门，而这便是时间的分配，也是我要分享给大家的第六点经验。面对沉重的学业压力，又要兼顾不同的兴趣和课外活动，的确有一定的难度。而首要的便是善用时间。曾经听过这样一句话："有了时间就能掌控整个世界"。我们每人每天只有二十四个小时，扣除了休息时间，大概只有十六个小时吧。所以说，如果我们能好好规划每一天的时间，就能为自己创造更大的有利条件。而在时间的分配上，我的技巧是先订立一个小目标，再设立一个时间表以完成该项小目标。小目标是引导我一直前进的动力，而时间表就是引导我前进的方向。我每天的时间表都包含了学习、阅读、钢琴、声乐及其他的活动，而重点就是把动态或较轻松的活动与静态的活动分隔起来。如此，就能有系统地规划自己的时间，也能一直保持前进的心态。

　　第七，作出适当的选择也是人生重要的过程，对我们的成长和未来都有一定的影响。人生要如何面对大大小小的选择，也是一门大学问。在规划人生理想时，我们需要做谨慎的决定。而在这里，我同时希望分享我做决定时的经验。无论是规划人生方向，或是选择课外活动方面，我们都不能松懈。在认识自己的性格和规划人生理想后，我们要选择一些对自己有利的事物。按照自己的兴趣、性格、优点等选择，才能找到属于自己的道路。而在选择的过程中，要倾听前辈的经验和意见，但最重要的是要自己分析每一个选择的利与弊，不能人云亦云，作出让自己后悔的决定。

第八，我们必须学会享受。我说的享受，不是把自己沉没在物质和科技之中，而是寻求自己情之所钟的兴趣，一种升华的精神享受。除了读书和学习知识外，我们需要生活的调味品，让我们活得更精彩。我们要积极地培养自己各方面的兴趣，丰富自己的人生，达到多元的发展。除了参与和学术相关的活动，我也一直活跃于不同的艺术组织和慈善团体。这些经验都是驱使我成长的基石，当然也是学习的机会。我享受着投入一百分努力的感觉，也一直力争在每一个任务中做到最好。我认为人生最大的成功感莫过于找到自己情之所钟的兴趣，那是一种就算没有回报，也愿意花时间钻研的享受过程。而我沉醉的声乐陪伴我度过不同的生活困难和学习挑战，是舒缓压力的灵药，也是追寻满足感的泉源。投入声乐的我，也是学校合唱团女高音的队长和合唱团中唯一的独唱歌手。我不但能找到满足自己的机会，也培养了领导和沟通技巧，担当带领队员、为同学服务的角色。

最后的，也是最重要的，我们要学习贡献。我们从小到大，一直为了自己奋斗，学习知识，希望进入最好的大学，再成为一个成功、杰出的人。可是我们学习多年的成果就只为了成就自己吗？我认为，再杰出的人如果没有一颗奉献的心，那他的生命将失去灵魂。人生中最重要的是找到生存的意义，而我相信生存的意义在于把自己所学习到的都奉献给这个社会，回报社会及前人给我们的一切，共同缔造更好的社会。例如我在女童军组织中找寻到这份珍贵的礼物——生存的意义。通过参与各种慈善服务，如协助残障人士举办运动日，探访长者和义售奖券等活动，我发现了我的角色及责任。生活不只贵于学习知识，而是如何利用自己所长回馈社会，以自己的知识和经验帮助有需要的人。作为女童军的副主席，我需要举办不少大型的活动，如野营活动，因此我成为了一

个有策划和有组织能力的人。而更重要的是我培养了一份承担的心，燃起了心中的那份青年使命。

在前文一直谈及了我这些年来的学习心得，我想是时候要交代开启我成长钥匙的父母了。我父母的教学理念非常简单，就是随着我年龄的增进而改变角色，按照我的兴趣和性格给予指导。在初中前，他们一直非常严格地指导着我学习的路，而且不断为我争取不同机会找寻自己的学业兴趣和爱好。简单来说，他们在我小时候最重视的是培养我自学的兴趣，让我找到自己的人生目标，使我在中学期间能自发性地学习。同时，他们对我的言行举止、学习的时间安排、作息、游戏等方面作出严格的指导，他们的严厉让我明白正言、立品的重要性，也对我的人生起了很大的正面作用。他们使我懂了不少的道理，毕生受用。

而在踏入中学的时候，他们的角色渐渐从严师变成益友，在初中的时候便把学习的责任都交给我，而他们只担当着启蒙和支持的角色，让我明白到自己肩负责任的重要性。而且，在中学的时候，我们都把中心放到交流和讨论中。可谓上至天文、下至地理的话题都有涉猎，而最常交流的话题都围绕着这个社会和整个世界，让我不但能时刻留意到身边的时事，也能从彼此的交流中得到很多。而交流中，他们不会以一个家长的身份强迫我接受他们的看法，而是鼓励我多发表自己的意见，也非常尊重我有不同的意见，诱发了我的多方面思考能力和社会洞察力。最重要的是，在中学的时候，他们给予我自由发挥的空间，适时引导和支持，让我能勇敢地追求自己的人生方向。

作为一名学生，学习是非常重要的。因此，我将尽一切努力来充实自己的知识和技能。但是，我不认为学习知识是人生生命中唯一的奋斗目标。我坚信，学生不应忽视世界各地及社会发生的事情。因此，我希望不断增进自己，以回馈社会及世界。我们要以积极的态度、独立的思考能力及贡献社会的热情来克服未来的困难。无论明天会有什么逆境，相信自己能跨越它们，期待着这些生命的挑战，进一步提升我们的竞争力。但愿我们未来不论在国家的哪一个岗位上，都肩负起为国家、为社会服务的责任。

　　敬祝

安

北京大学法学院学生

林咏茵敬上

二零一二年八月十八日

学习，我们在路上

> 人总是需要精神寄托的，如果你不在高三保持一个或多个爱好，等到高考结束，你就会感到迷茫、不知所措，因为在你的生命中，除了学习已一无所有，这样的生活是可悲的，更是可怕的。请珍重你的每一个兴趣爱好。

姓　　名：蔺思淼
录取院系：外国语学院
毕业中学：北京市北京师范大学第二附属中学
获奖情况：北京市中学生力学竞赛三等奖

掐指一算，从收到录取通知书到现在已经有一个月了。到今天想起来，我都觉得之前寒窗苦读的十二年就像是一场漫长而又难忘的梦，在梦里有汗有泪，有哭有笑，但走过的每一步、每一个脚印都是那样实在，留下了一个个不可磨灭的印记。在此我也想和大家分享我的一些小小的心得与体会，与君共勉。

可能是因为家里有老师的缘故，我从小时候起就对"学习"二字充满了向往，小时候总爱说"100分优秀"。

上了初中之后，觉得课外压力就小了很多，中考所考即是课内所讲。公正地讲，中考仅凭课内所学是完全可以应付的。但前提是要有很高的课内学习效率，其中包括了这样几个问题：上课的时候是否认真听讲（睡过觉吗）？课下是否认真完成了作业（抄过作业吗）？考试是否展示了自己的真实水平（作过弊吗）？如果你对以上括号里的问题的答案都是没有，那我觉得就初中学习而言应该是没有什么大问题了。虽然要求看起来挺低，但是过来人都知道这并不是那么容易做到的。特别是这些事情都是有了第一次就有第二次的，如果不对自己严格要求就很容易放松警惕，一失足成千古恨啊。

不过怎么说小学和初中学的都是比较基本的内容，不光是从学习知识的难度来讲，还是从这两个阶段面临的终极考试的形式来讲都是如此。例如，小升初，因为光就北京市而言比较好的初中还是不在少数的，就是同水平的市重点都出现了多足鼎立的情况，所以选择面非常广，而且由于这一阶段是多种选拔方式并行，推优、派位亦或是自己去赶场参加各个学校自己的考试，这给学生提供了大量的机会。考生和家长们大可以广泛撒网，从中选择自己最满意的学校。又如中考，北京市实行的是平行志愿分数优先的原则，每人 8 个志愿，我们仍旧可以由高到低顺次填报 8 个比较中意的学校。这样即使发挥略有失常仍可被同档次而分数稍低的学校录取，也算是比较有保障的。相较之下不难看出，最困难的仍是高考。因为志愿不平行而且大部分院校是不收二志愿考生的，所以志愿就显得至关重要，报低了心中不免遗憾，报高了就更惨，哪怕只差 1 分也只能与梦想中的大学失之交臂，转而上一个整整差出一个档次的学校。可见高中阶段相较前两个阶段而言的重要性，因此在这里我重点来谈高中的学习。

我在高中学习的最大感触就是大家的目标感都是很强的。正如上文所说由于小升初和中考的选择面都比较广，所以大家也不必非要认准某一所学校削尖脑袋往里钻，而高中就不同了，大部分人从迈入高中校门的第一天起就在心里树立了某一所梦想中的高校，继而不断努力。总的来说，高中的学习方法和初中相似，我们也可以用上面的几个问题来检验自己。但不同的是，由于高中学习的目标感更强，我们更是把高考称为千军万马过独木桥，所以在学习过程中我们遇到困难时的挫败感也会越强，这时候就要求我们保持良好的心态，其中高三尤其如此。在高三，流传着这样一句话：高三上学期是心态决定实力，下学期是实力决定心态。高三时候的学生由于心理压力大，会变得比之前更为敏感脆弱，考试失利乃至作业中的一道难题都会成为困扰我们的因素。但是记得刚升入高三的时候，有上一届的学长回来介绍经验，学长说："高三的考试多，所以考不好也没关系，我们报仇的机会也多。"当时我和班里的大部分人一样，觉得学长一定是上高三学傻了才说出这种雷人语句，不过现在我也感同身受，考得多了，或者说考砸的多了，也就不那么害怕考砸了。其实考砸了也是一件好事，现在错的越多，就能弥补越多的漏洞，平时吃亏犯错总比高考考场上出错强。所以高三时就要多备几层脸皮，多向老师、同学们请教，最不可取的心态就是想："我这个问题是不是太傻了？问出来被人家笑话怎么办呢？"其实每个认真的人都不可笑，反而是最可敬的，大家都不会介意为你解答哪怕是最基本的问题。我们总听人说，每个人最大的敌人就是我们自己。的确如此，直面我们的问题、漏洞是需要极大勇气的。当你开始学会认真分析试卷上每一处错因而非懊悔地把它翻过去的时候，你便在不断地向成功靠拢。哪怕是有一天老师都对你无可奈何，你也不要放弃自己，正如罗斯福的夫人曾经说过：未经你的同意，谁能令你自卑？始终保持自信也是成功不可或缺的要素。

除了心态之外还有另一点至关重要，那就是要处理好学习与课外活动、个人爱好之间的关系。在高三的时候会感觉有许多无关紧要的事情，占去了我们许多的时间和精力。高考报名、自主招生、体检、体育会考……这些活动都占据着我们高三宝贵的学习时间，许多同学往往会认为这样的活动是百害而无一利，因而不愿意花时间在这种事情上面。但在我看来，每一件事都值得我们认真对待。如果每天都只顾学习的话，那生活不免单调乏味，这些活动虽然与学习并无直接关系，但对我们报考、升学都有一定的帮助。先说说大家最关心的自主招生。自主招生是最近几年开始流行起来的高校用以选拔人才的渠道。最为所熟知的是华约（清华大学、中国人民大学、上海交通大学、中国科学技术大学、西安交通大学、南京大学、浙江大学所组成的联盟）和北约（北京大学、北京航空航天大学、北京师范大学、香港大学、复旦大学、南开大学、厦门大学、武汉大学、四川大学、山东大学、兰州大学、中山大学、华中科技大学所组成的联盟），除此之外还有许多其他的高校参与其中。自主招生的考试往往因其出题的难度和偏怪而为人所熟知，也是让无数考生及家长胆战心惊、头疼不已。为此的对策倒有很多，在寒假期间，有许多培训机构纷纷推出自主招生培训班，从笔试到面试进行全方位的辅导。作为一个参加了北大自主招生但并未报任何辅导班的同学来说，我认为所谓辅导班实在是没什么可报之处。自主招生出题偏怪本就是为了减少考试前准备的可能，真实地检测出每个学生的能力，而且自主招生每年的题型也是不断地变化，根本就不可能真正的准备。平时学习成绩一贯好的同学只要在考试之前看看书就好，尤其是物理和化学会有一些竞赛知识，可以找参加竞赛的同学补一补就可以了。而平时学的不是非常好的同学，也不要期待通过补习班能对自身能力有大幅提高，对自主招生过于重视只会影响课内的学习，到时候适得其反、得不偿失就不值得了。至于面试，旨在考察同学们的应变能力，以及对新闻时事的了解程度，除了多读书、多看报也没什么好练的。因为诸如表达能力或是领导能力也不是一天两天可以速成的，同学们只要向面试官展示出自己最真实的一面就可以了。建议同学们不要抱有侥幸心理，好好学习才是王道！除了自招加分还有其他的一些政策性加分。我的建议还是：有加分的同学，革命尚未成功，同志仍需努力；没有加分的同学也不要气馁，以坦然的心态去面对。

　　以上是关于自主招生的一些内容，但是除了这种必需的课外活动，还有一部分是属于个人的兴趣爱好。如果说大部分的课外活动是不得不参加的，兴趣爱好就更有可选性，所以大部分人会认为上了高三就应该"两耳不闻窗外事，一心只读圣贤书"，因而大部分人会选择舍弃自己的兴趣爱好，但我认为除非你能把学习发展成自己的兴趣爱好，否则还是不要这样。人总是需要精神寄托的，如果你不在高三保持一个或多个爱好，等到高考结束，你就会感到迷茫、不知所措，因为在你的生命中，除了学习已一无所有，这样的生活是可悲的，更是可怕的。为了避免"悲剧"的发生，请珍重你的每一个兴趣爱好。就我个人而言，我也没什么过多的特长，在高三时唯一的爱好就是看电影。可能这种爱好在许多高三学生的眼中是很过分的，因为去电影院看一次电影就意味着要耗费几个小时的大好时光。在这里，还是要感谢我开明的父母，一直都很支持我的爱好，以至于我在高考前还去看了电影。如果高三的生活中没有这种小放纵，我想我也不会捱过这艰苦的一年。除了看电影，你的爱好还可以是唱歌、画画、弹琴，相信当你身心俱疲的时候，亮开歌喉、拿起画笔、扶上琴弦的那一刻都会感到无比的放松。

最后再说说生活上的一些事情吧。正如其他方面，高三的饮食最重要的就是要保持和平常一样。家长们不要盲目地给孩子加餐，觉得是给孩子补身体，但是这样更容易给孩子造成巨大的心理压力，还有市面上的一些营养品我认为也是少吃为妙，贸然下猛药保不齐会出现什么奇怪的副作用，倒不如不吃。不过偶尔可以和同学一起去饭店，改善伙食。有句话说得好，我们要"化悲愤为食量"，其实吃饭也算得上是一种很好的减压方式。在吃饭时我们可以和同学们畅所欲言，倾吐学习、生活上的烦恼，在大快朵颐的过程中忘掉烦恼，享受"偷得浮生半日闲"的惬意。还有就是睡眠问题。上高三许多同学会选择开夜车来拼命学习，我认为这样也是不可取的。学习质量不取决于学习所用的时间，而是取决于学习的效率。有些人到了晚上精神足，这种人熬夜固然无可厚非，可若是你过了晚上 12 点就开始磕头犯迷糊的话，就还是不要尝试熬夜学习的方法了。头天晚上睡不好，必然影响第二天的学习。这就不难解释为什么高三课堂上那么多同学都趴在桌子上了。殊不知，老师在上课时讲的内容远比夜里抢来的那几个小时苦读的内容重要。所以我一直保持着每天 11 点睡觉的习惯，从不打破。有规律的生活可以保证你有一个好的身体，以良好的精神面貌应对接下来的学习，正所谓磨刀不误砍柴工，说的就是这样的道理。

学习是一个长期进行、不断积累的过程，需要每个人不断的坚持与努力，不得有半点懈怠。而至于学习方法，也都只是每个人根据自己的学习经历所总结出来的一部分心得体会罢了。迄今为止，我还没有发现哪个放之四海而皆准的方法。希望同学们除了借鉴学长学姐们的方法，也要做个有心人，自己善于总结，最终归纳出真正适合自己的方法。

最后，希望同学们都能学习进步，心想事成！

我始终相信

　　不要把参加学生会当作降低自己学习成绩的愚蠢借口，没有挑战，人就难以迅速地成长蜕变。也许承担了更多责任的你每天生活在被 Deadline（最终期限）压迫的高强度生活中，但从中脱颖而出的你一定会是拥有最强大的内心、最丰富的人生经历和最出色的生活能力的佼佼者。

姓　　名：毛思源
录取院系：国际关系学院
毕业中学：辽宁省东北育才学校
获奖情况：2010 年北京大学全国中学生模拟联合国大会大使论坛最佳组合代表团

　　电脑屏幕上终于出现了我被北京大学国际关系学院录取的文字，尘埃落定的一刹那，我却像是从一场漫长的梦中醒来后，趴在窗边看着新一天的太阳时那般平静和放松。我找到了三年前的夏天在本子扉页小心写下的"我一定会考入北大国关"这十个不敢让任何人看到的"张狂"的字，在下面打一个大大的对号。三年来的点点滴滴像是电影画面一帧帧在眼前闪过后，我轻轻地对自己说一句："我始终相信结局必然如此嘛。"

✿ 2009.7 立志，也许是一个瞬间的事

抱着提升一下个人素质的简单心态参加模拟联合国和英语演讲特训营的我，在短短的十天结识了全国优秀的同龄人，以及许多来自北京大学的令我惊异的才能卓越的学长。我原以为高考只会是我出国的备选，却发现它可以成为人生一笔无可附加的宝贵财富。训练营结束后，我迫不及待地想知道：北大，究竟是所什么样的学校。漫步在假期里的燕园，我却收获了一种让人安心的归属感和跳跃着的渴望。我也可以在这里或是通向这里的道路上书写属于自己的传奇！炎热的夏日里，刺眼的阳光不留情面地洒下，我坐在某个教学楼外的阴凉下，呆呆地望着对面的英杰交流中心。此时，我想：我一定会再来到这里的，高中三年，会来参加北京大学全国中学生模拟联合国大会；而三年后的某一天，一定是我光明正大成为北大学生的时刻。

✿ 2009.8 没有经历，怎么能轻易否定自己？

选择高考，确实需要我拥有很大很大的勇气。其实，我并不是一个成绩优异的学生。"偏科，数学恐惧，物理不及格，发挥不稳定"是我的标签。我只能在课余的学生会工作上寻找自信和认同，并在初三成为了学生社团联合会的主席。高中入学摸底考试时，名列班级第 21 名的我犹如当头棒喝，让我上北大的梦想像笑话或者神话一样离奇甚至可笑。我不敢把自己的小小梦想告诉任何人，如果有人问我想去哪里，我会毫不犹豫地说："北大啊。"然后不假思索地加上一句："我开玩笑啦。"但在心里的某一个角落，我是那么确定，甚至不知道是哪里来的勇气。我不允许自己退缩，更不允许自己失败。我买来一个厚厚的日程

本，激动地写下"我一定会考入北大国关"。高中才刚刚开始，未来，谁又知道它是什么样子的呢？奋斗吧，少年！

✿ 2009．9 适合自己的，才是通往成功的

我们总是面临着各种各样的选择，而做出选择的能力和勇气恰好决定着你前进的方向和决心。文科还是理科，这个选择对我来说并不算艰难。首先，我一定要遵从自己的心，只有对于真正喜欢的东西我才有勇气在艰难的道路上坚持下去。其次，我需要一个崭新的开始，抹去过去的纠结痛苦，重新在一张白纸上小心翼翼地打草稿，认真地添上色彩，仔细地勾画线条。而之后的日子里，我总是对自己的选择充满了感激、肯定，不仅是因为逐渐提高的成绩、名次，也不是因为这个选择带来的脱离了父母的期许的些许叛逆感，而是我对于寻找到自己大展才华的舞台的欣喜和自主学习的强烈愿望。我看到许多选择了不适合自己道路的同学，有的是为了避免理科的激烈竞争而去全校学习总人数不到 60 人的文科班的同学，有的是不确定未来方向而选择了可能会有更宽广前途的理科作为努力对象的人。他们很努力，却只能不断地发出反作用力，痛苦地挣扎在每天的学习、考试的循环中。选择就是这样，适合自己的，才是最好的。

✿ 2010．3 学术和活动可以兼得，高中的我志在如此

每个人的时间都是极其有限的一天二十四小时，关键在于如何利用，使效率最大化。初中时为了到另一个舞台获得突破，并丰富自己的人生经历，我开始参加学生会工作。高一更是和许多人一样，爱上了"模拟联合国"这个锻炼各种能力的充满挑战的正式版"角色扮演游戏"。

对待学习和工作，首先要摆好自己的态度，对它们有一个正确的看法。学习，是高中阶段最主要的任务。工作，如果选择去承担比普通同学更多的责任，就要说到做到，不能逃避，更不能把学生会的经历功利地当作日后参加各类自主招生或者是美化出国履历的筹码。在学生会的工作中，我也许不是表面上看起来最活跃的一个，却可以肯定是最负责任的一个；我不会是在每次例会上说话最多的那个，却是在执行和组织中最一丝不苟的那个。高一的时候，我重新开始执著地认真完成从策划、组织、执行、宣传的各种工作，进一步提升自己的能力，工作量也是高一刚进入学生会的同学们中数一数二的。而我的努力有目共睹，进入高二后，我首先被选为了高中部学生会秘书长，以及集团学生会主席。

的确，学生会工作占用了我大量的学习时间，我也曾经抱怨过忙碌到没有喘息时间的生活，也非常希望和其他同学一样可以放松下来聊聊天，和好朋友在校园里压马路。一位学姐跟我说："做好能做好的，否则就是能力问题。"这句话看起来非常严厉、不讲情面，却让濒于放弃的我振作了起来。如果和别人在学习的时间上存在劣势，就一定要在效率上取得完胜。学会规划好有限的时间，甚至每一个课间都要利用好。比如说，第一节下课去借活动室钥匙，第二节下课可以稍微补补觉，第三节下课去联系负责活动的团委老师，第四节是数学课，课上知识没有掌握好，那么下课休息的时间就要奉献给向老师提问。如果活动占用了你的自习课，不要埋怨自己少了完成作业的时间，分清各种作业的轻重缓急，第一等重要的是自己的弱项和巩固当天新知识的作业，务必要花大量时间掌握扎实。如果是一些你已经掌握的知识，可以考虑以一种不太耗费精力的方式完成，或是放在琐碎的时间里完成。其实我们太多的时间都浪费在了与"有价值的事情"毫无关系的琐事上，若能把自己每天的时间利用细化到以 10 分钟为单位的程度，那就会取得一种事半功倍的效果。

不要把参加学生会当作降低自己学习成绩的愚蠢借口，没有挑战，人就难以迅速地成长蜕变。也许承担了更多责任的你每天生活在被Deadline（最终期限）压迫的高强度生活中，但从中脱颖而出的你一定会是拥有最强大的内心、最丰富的人生经历和最出色的生活能力的佼佼者。我始终相信我会是佼佼者中的一个，当突破了各种障碍，完成了各种不可能完成的任务，即使其他成员都"忘记了"他们所负责的工作，只剩下我一个人张罗废旧书籍义卖的时候，我没有退缩。我知道，学术和工作可以兼得，而我就是证明者。你的努力、你的付出不会蒸发在这个世界里，有目共睹的奉献会给你的生活带来意想不到的收获。

2011．3 模拟联合国，你是我心里的一首歌

正是因为和你的相遇，我走上了高考的探险旅程，也是因为和你的相遇，"狂妄"的我开始缩小自己，学会谦卑又懂得怜悯地看待这个世界，理性又充满幻想地对待发生的种种事情。对，更是因为你，让我像许许多多学长一样奋斗着，为了走进北大国际关系学院的那一天，去真正了解错综复杂的世界、国家、组织。模拟联合国，是我信念的支撑，是"我始终相信"的动力。

2011．6 热爱、享受，学习可以很轻松

高二学年开始后，刚刚进入文科班的我像一只刺猬一样对任何人保持学习上的"敌意"，把同学们列成了冲击第一的可疑人物。潜意识中我希望自己永远是第一，急于去获得成绩上的肯定。可是事实并非我想象的那样，我不是第一，甚至被许多默默无闻的同学超越。对好成绩的渴望，反而使成绩越来越不理想。上课走神，自习课也浪费在胡思乱

想、紧张兮兮上了，考试时难以发挥出正常水平，犯低级错误是家常便饭。这样的状态反反复复，占据着我的高二学年，快要到下学期期末了，我的成绩在整个只有 60 人的文科集体里排二十几名。一场至关重要的期末考试就要到来了，它将作为自主招生名额分配的重要参考标准。面对竞争激烈的北大自主招生名额（当时学校推荐名额只留给一名文科学生），我必须彻底改变现在的状态。我了解当时的情况，却茫然于走出困境的方法途径。时间自顾自地走过，而我只剩下悲观和苍白无力的自我激励。

新东方学校有一句激励了无数学子的名言："在绝望中寻找希望，人生终将辉煌。"濒临绝望的我选择从心理上彻底改变自己，在距离考试还有半个月的时候，我放下了用来考前复习强化的作业，看了一部时长三个小时的电影——《三傻大闹宝莱坞》。

"你们都陷入比赛中，就算你是第一，这种方式又有什么用？你的知识会增长吗？不会，增长的只有压力。这里是大学，不是高压锅……"（《三傻大闹宝莱坞》台词）这句话点醒了我：高中也是如此，难道学习只是为了取得一个好名次，取得理想大学的通知书，收获别人的表扬羡慕吗？这一年来，即使我学习的是自己感兴趣的历史、地理、政治，我又何尝用过一分一秒思考提高分数以外的东西，去全身心思考知识、联系实际，从中感悟人生、汲取真理？不要害怕未来，只要过好今天。放下已经成为你的负担的追求，回归学习的本源吧，为自己多学一点知识、多了解一点东西，发自内心地高兴，享受笔尖划过书本、写下理解体会的过程。也许在 12 年的寒窗苦读中，在学生们快要把脑袋削成尖钻进名校的斗争中，这有一点理想主义，但绝对可行。学习的道路上，唯有充满热爱，才会有源源不断的动力。的确，我们每个人都有对高分的渴望，以及对好成绩的虚荣感，希望看到自己的名字出现在成绩单的首行。但是把对"名列前茅"的追求化作压在自己肩膀上沉重的负担，就会寸步难行，充满了对过去的悔恨、对现在的茫然，以及对未来的

恐惧。

半个月后的考试中，我忘记压力地走入考场，最终获得了年级第三名的突破性成绩，数学甚至挤进了班级前三名。我像站在晴空下的草地上，开心微笑的孩子：原来，学习是充满享受的过程。

❀ 2012．2 高三半程，纵浪大化中，不喜亦不惧

我与校长实名推荐名额失之交臂，又惊喜地获得了北大校荐的唯一名额，波澜壮阔的高三就这么走过了将近二百天。我像往常一样，享受着一轮一轮复习的过程，感受着自己一点一点的进步，充满感恩地对待每一天的学习生活。

结束了志忑已久的自主招生笔试，我欣喜地回到了按部就班的高三复习当中。但笔试成绩的公布反而把我平静的生活搅和地天翻地覆：我取得了辽宁省"北约"笔试文科第一名。这种从来没有预想过的喜讯到现在回顾起来也只能用"幸运"来形容（因为我没有过任何特殊的准备）。距离高考只剩下一百多天了，而我所遭遇的仿佛是全世界都以为你已经被北大录取的评价和猜测。我很庆幸那时的我依然保持着清醒的头脑，烦躁的时候我会一遍遍地看高一时就已写在桌布上的"纵浪大化中，不喜亦不惧"，我会强迫自己到后操场跑步，在一圈圈的奔跑中让想要漂浮的心绪落回原地，我会小声地对自己说："真正的考验在百天后的高考，不要因为别人的看法扰动自己平静的内心。"我还是和以前一样，反复翻史、地、政教材，重新做数学错题，总结着英语、语文的答题方法，轻松和喜悦地过着高中生的朴素生活。

之后的一百天中，我由衷地珍惜高中生活仅存不多的时光，我甚至希望时间能放缓它急匆匆的脚步。因为这一百天，就是我实现梦想的最后努力期限，也是我进入北大的最绚烂、最精彩的冲刺环节。

🌼 2012．6 对，就是我，我一定会是最后成功的那一个

我不愿意把高考称作"末日审判"，我愿意把它看作全面展现我学习水平的舞台。回忆起高考的那两天，的确有异于平日的紧张感，还有即将实现梦想的兴奋和刺激感，睡着觉成了最重要却又不太可能的任务。面对高考，我的历史老师在最后一节课上曾经送给我们一句话：不要太重视，不要太轻视。我记住了这句话，在考场上成功地"反客为主"，以必胜的心态完成了两天"漫长"的考试。交上最后一科卷纸的那一刻，已不再是传统意义上的"解脱"，而是一个孕育着新的希望的开始。我反复地告诉自己："我一定会是最后成功的那一个。"

是的，最后的结果确实如我所愿。也许实现它的过程少不了精神上的鼓励和幻想，以及强大的自信和永不熄灭的渴望。但我的自信其实最根本源于自律，源于扎扎实实的努力付出。高中里我最难以忘记的时刻并非是我第一次取得年级第一的时候，也非我被选为集团学生会主席代表学校加入省学联主席团的时候，而是某一个夏日，我被四点半的闹铃叫醒，从寝室的床上爬起开始背政治书的清晨。在那个清晨里，我明白了沈阳的夏半年里的某天，太阳在四点半开始逐渐升起，在日后地理题上出现相关问题的时候，我都会毫不犹豫地作答。在那个清晨里，我明白了：只要你努力，始终相信自己，幸运之神总有一天会眷顾你。

暂回眸，品来路

 我总是把工作做得尽善尽美，却很少耽误过学业。因为在我看来，丰富的课余生活能够"逼迫"我更加高效率地投入学习中，能够造成我的"紧张感"，能够激发我的潜力。就这样，我做到了工作、学习两不误。

姓　　名：步一

录取院系：信息科学技术学院

毕业中学：北京市中央民族大学附属中学

获奖情况："明日之星"全国青少年艺术大赛全国总决赛金奖

第五届全国"地理小博士"比赛一等奖

北京市高中学生化学竞赛二等奖

🌸 音乐，梦想的起点

在我还不到 3 岁的时候，就特别喜欢别人送给我的一个玩具钢琴，一直不松手地弹。于是，4 岁还不到，妈妈就把我送到了家乡的群众艺术馆学习电子琴。起初，是妈妈在课上学会，回家再利用一周的时间教会我。后来就不用了，因为课上我就能领会了。6 岁的我就通过了电子琴五级并转学了钢琴。

小学生活轻松，无忧无虑，所以有很多的练琴时间。有时候练琴会感到烦躁，不过因为感兴趣，我可以一直坐在那里一两个小时……此外，父母的鼓励也是很重要的。有时候我的确会因练琴感到"不爽"，但我的父母并不会像其他父母一样逼迫我继续练习，而是尽量遵从我的意愿。每当想起自己在小学六年中琴艺大增时，我都格外兴奋！其实呢，我还特别擅长即兴演奏，这可是许多业余选手做不到的呢。不过初中之后，由于课业越来越紧张，我的练习时间就越来越少了……

　　从小热爱音乐的我，来到中央民族大学附属中学的第一节音乐课时，便用一首《婚礼场面舞》"征服"了彼此还不熟悉的同班同学，那时候同学都热情地称我为"会弹琴的胖子"。可能这也是大家在当天下午选举班级的团支部书记时，把票投给我的原因之一吧。

　　2010 年 6 月，一个偶然的机会，民大附中音乐老师告诉我关于"'明日之星'全国青少年艺术大赛"的消息，我毫不犹豫地就报了名。老师建议我报钢琴或巴松，但我坚定地报了电子琴。虽然在外人看来，电子琴略显幼稚，好像小孩才弹的玩具一样，但我能够深深地体会到其中的魅力和沉浸其中的享受——音色和节奏无穷无尽的变换与组合！可以说，我对电子琴是情有独钟！在北京赛区初赛上，我一鸣惊人，获得了高中组金奖。接下来又不负众望地获得了全国高中组金奖。我的参赛曲目是《花儿为什么这样红》，浓郁的民族风，相当动听。我想，是我的肢体语言，是我丰富的音乐表现力，帮助我取得了好成绩。

民大附中，梦想的延续

　　初中时就向往着来到中央民族大学附属中学学习，2009 年我终于如愿以偿地考进了这所学校。高一刚刚来到民大附中，虽然老家在承德，还不远，但由于是寄宿制，我还是很不适应的。但是通过一段时间的相处，我看到来自全国各地五十六个民族的同学的相互帮助、相互鼓励，心中涌起一股暖流。由于天性乐观、为人热情随和，同学们也都很喜欢我，总是亲切地称我"胖子"。在 2012 年 5 月接受《大学指南》采访时，编辑是这样评价我的："这个'胖子'可不简单，他的学习成绩是响当当的，还有很强的领导和组织才能，同学们也愿意听从他的指挥。"

在 2009 年，民大附中大约有十几个社团，这些社团全部是由学生自己建立、自己发展的，很少有老师指导。民大附中有一个良好的"传统"，那就是各个社团会在开学初的几天利用夕会时间进入各班宣传其社团，这个时候我就被"都仑乐队"吸引住了。靠着自己的音乐天分，我顺利地加入了都仑摇滚乐队。2010 年元旦，乐队第一次登台亮相，效果很不错，《相信自己》也成了我们的"成名作"。至于管乐团，我也是高一的时候加入的。由于对乐理知识的精通，我还顺利地成为了交响乐团团长，并组织策划了校园音乐节，这在民大附中还是第一例。

也许你已经发现了我参与的大部分社团都与音乐有关，如都仑乐队、交响管乐团，还有组织的活动音乐节也和音乐息息相关，就连刚刚成立的歌舞剧社也邀请我担任他们的"顾问"。这些也许都源于我蒙古族的天性吧。

民大附中向来有每年举行一次"学生代表大会"的传统，以选举新一届学生会成员。作为学校的团委副书记，我自然是组织活动的顶梁柱。我做事计划性很强，也深知"众人拾柴火焰高"的道理。无论是给学生会成员布置任务，还是给宣传部成员和生活纪检部成员进行学代会的宣传工作；无论是对文艺部成员进行组织协调工作，还是对社团部成员进行社团新老交接的管理和稳定工作。在这些烦琐的工作中，我每两天就要组织各部部长开一次会，目的是对这些工作进行总结、检查。每当出现了小问题的时候，我总是能在最短的时间内找出问题。就这样，仅仅半个月就完成了学代会的全部工作，老师和同学们也都对我赞赏有加。

我总是把工作做得尽善尽美，却很少耽误过学业。因为在我看来，丰富的课余生活能够"逼迫"我更加高效率地投入学习中，能够造成我的"紧张感"，能够激发我的潜力。就这样，我做到了工作、学习两不误。

……

就这样，我一路走来，学习着，活动着，思考着，并在 2012 年"北京大学中学校长实名推荐制"中被推荐到了向往已久的北京大学，顺利通过了自主选拔面试，取得了优异的高考成绩，实现了人生梦想的第一大步。

暂回眸，品来路。

品过了来路，我也走入了北大的校门。旅程，刚起步；路，还很长。我坚信，我会像蒙古草原上搏击长空的雄鹰一般矫健，飞向更高更远的未来。

学习体会浅谈

> 其实，很多事情都是相通的，成功所需要的素质并不因领域的不同而有太大差异。对我来说，只要认真观察、思考，或许就能在赛场上的胜利背后，发掘出能在学习、生活中助我一臂之力的东西。

姓　　名：倪畅

录取院系：生命科学学院

毕业中学：北京市第八中学

获奖情况：全国中学生英语能力竞赛高二年级组一等奖

全国中学生英语能力竞赛高三年级组一等奖

气候酷派绿色校园行动全国高中组一等奖

2011 年北京市第九届高中英语辩论赛优胜奖

十二年学习生活中，我不好说我有什么独到的秘诀，但至少有自己的一些体会，希望能对学弟学妹们有些帮助。

学习方法浅谈

要说学习体会，就不得不说一说学习方法。

我有一个方法，自认为还比较有用。有时候中午累了，不想做题，自己又一时没有需要解答的问题，我会去办公室旁听同学的答疑。就理科来说，别人的问题有可能是自己没意识到的疏漏，就算不是，至少也是对知识点的巩固；就文科来说，中午老师很轻松地与大家聊着一个话题（多与作文有关），往往会有灵感的闪现，可能就引出了很好的素材、独到巧妙的表达方式，旁听者有可能就有意外的收获。

还有一个方法，就是在平时按考试的标准练习——从时间到答题规范。把平时当考试，就能把考试当平时。我有过一段时间物理总因为答题速度慢而成绩不理想，自己就给自己按题数量限时，估一下做一道题大概应该多久，算一下并规定总用时。所有的作业、考试中有的题型，我都会按照考试时的要求去写。考题也是题，平时按照考试的标准去练，真上了考场，题还能把你怎么样？

我还以为，学习中有一点很重要，就是独立思考。高中三年，我答疑时从不打无准备之战，总是先自己琢磨好几遍，包括反复更换思路、演算、翻书、查笔记（不要心疼时间，这一过程可能会延续不止一天），如果尽力而为还是不会，再向人请教。很多问题就在反复的研究之中得到了解决，甚至会让人特有成就感地灵光一闪。即使最后依然需要问人，思考之后再听讲解会特别有针对性。这是对思维的磨炼，让我即使是面对完全陌生的题目时也有信心和能力去攻坚。而且，可能是出于成就感，自己思考的成果总是记得特别牢。

理科虽说注重考查思维，但"细节决定成败"很多时候同样适用。有的科目如生物、化学，"边边角角"的特别多，要下细功夫。对于这类科目，我有一个专门的本子，把每一次作业或是练习中自己忽视的，或是老师上课时很无奈地说了很多遍"一定要记住，一定别再忘了"的细节记录下来，考前随手翻一翻，对自己可能出现问题的地方便一目了然。

同样的方法可以以一种略有不同的方式用于数学、物理，毕竟这两科更倾向于拼思维。这两门科目也有类似上面说的本子，但本子里记的除了题目还有自己的思路在哪里出了问题，以及如何用正确的（或是更简洁的）思路解题，或是重做此题时对此类题目思考方式的总结，自己总结出的结论，甚至可能是解题过程中真没思路之时从何下手开始尝试……

文科方面（我作为理科生，指的只是语文和英语），我以为比较可行的方法是把练习融入平时的生活中。随时练习，感觉总有，至少在基础题上会比较保险。

对我来说，身边的各种媒体都可以是练习语文基础的材料。听着广播，留心播音员有没有读错字音（这是可能发生的）；看报纸或是上网时，不妨留心文章中的错别字或是误用的成语；看电视时，留心记者有没有一时着急说出了病句或是用错了词……既相当于实战演练，又妙趣横生。

至于英语，我自认为还是有比较独特的学习方法。我不太擅长单调的记忆，需要记单词或词组时就一定要给它们安插一个语境。初中时只是造句，但到高中后我把这项任务与自己英语写作的爱好相融合，回味自己的"作品"之时也就顺便记下了词汇。至于听力，我出于对自己口语的自信，会在脑中"独白"式展开自己读过或是写过的作品中的场景或情节，或是让我"作品"中的主角展开对话。这种练习随时可以进行，同时也是对英语思维的锻炼。我对语感的依赖度很高，为了保持语感，读英文作品是我的必修课。中学六年，我几乎做到英语读物不离手。我向来只读自己感兴趣的材料，没兴趣的，就算是含金量不低的新概念我也很少碰。这样不仅不会觉得无聊，还可以锻炼阅读速度和猜词能力——谁会在兴头上放下书去查词典呢！

没错，英语是我一直最拿手的科目，绝大部分的学习是出于爱好进行的。说到这里，就避不开谈一谈我的爱好了。

🌼 我的爱好浅谈

　　对自己学习与爱好之间的关系，我还是挺有感触的。我的爱好基本都形成于学习压力空前增大的高中之前，因此它们早早成为我生活的一部分，难以割舍，只能想办法协调它们与学习的关系。简言之，我处理二者关系的方法就是让我的爱好完全融入学习之中，而不是成为学习之外需要额外花时间应付的事情。

　　其实，有一段时间，随着学习压力的加重，我一度考虑过放下自己的爱好。后来才发现放下之后，繁重的压力因为单调更加难以承受。学习是生活的一部分，自己的爱好为什么不能是呢？但是，学习之外实在已没有多余的时间，我便想到了用爱好辅助自己学习，一举多得。

　　喜欢进行英语写作，就在写作之中有意识地加入自己不熟悉、掌握不好的词汇、词组和句型；喜欢听音乐，就在夜里困得快要学不下去的时候打开背景音乐，提神之余顺便锻炼一下抗干扰能力；喜欢看比赛，就在观赏之余留心运动员们各自的个性与经历，也算是积累到了别样的作文素材，听赛后采访也就顺便练习听力。

　　其实，爱好不仅是学习的辅助，还可以教会我们教室里学不到、体会不到的东西。它本身也可以成为一种学习过程。

　　回看高中，尤其是高三，我很庆幸没有放弃自己的爱好。很大程度上来说，是它们帮助我面对学习、生活中的挫折与困难。

　　我最大的爱好之一就是看比赛，尤其是网球。我得说，是网坛那些选手们教会了我如何面对困难、挫折。我从那些同样在激烈竞争之中不断战胜困难与挫折的运动员身上，学会了将他们的精神融入自己的学习、生活中，用他们的经历激励自己。

　　我喜欢把年级看作赛会，把平日的学习视作训练，把考试想象成决定排名的比赛，至于每一门科目，都是需要掌握的技术……于是，我便可以不断在面对压力、困难之时找到可以参考的应对策略。

有的科目总是做不到像有些同学那样完美，不免有压力。技术统计告诉我，不一定要零失误，有了明显的强项，只要把失误控制在一定范围内就好（当然，要做到这一点，必须努力提高自己弱项的水平）；有的科目遭遇瓶颈，结果总不尽如人意。想一想那些在似乎大势已去、败局已定的比赛中奇迹般逆转取胜的选手们，就会相信自己也可以，也就甘愿为之努力。反正不到最后一刻，一切都还有可能；有时同学间激烈的竞争让我觉得纠结不已，网坛高手之间相互尊敬却又互不畏惧，彼此做着相互激励的友好对手的关系为我提供了解决方案，让我明白同是高手，互有胜负很正常，是彼此的竞争让我也得以提高。这样，别人的成绩便不会带给我太大的刺激或是压力……

是我的爱好教会了我如何面对学习与生活中那些书本上不曾出现过的东西。其实，很多事情都是相通的，成功所需要的素质并不因领域的不同而有太大差异。对我来说，只要认真观察、思考，或许就能在赛场上的胜利背后，发掘出能在学习、生活中助我一臂之力的东西。

❀ 与人交流浅谈

我还有一个减压、抗挫折的办法，就是与人交流。与同学，也与自己。

和同学交流时，大家更多是战友，变化来临时会经历相同的问题，因此都特别能互相理解。比较典型的是刚从分科考试转换到理综时，我和几个朋友在每一次考试后都会聚在一起聊考试，一交流才知道大家都没做完，都在紧张之下出现了问题，谁都不比谁好，大家的程度其实差不多，互相安慰几句，挖苦一下题目，有什么离奇的失误一起笑一回，压力很快归于无形。彼此是一条船上的人，还有多少人能这么好地理解你的压力呢？

不过，话说回来，同学不是出气筒，因此我和我的朋友们相处时很少会谈到那些负面的东西，都喜欢互相逗乐，或是聊一聊共同的兴趣点。很多时候，在我们几个起兴地讨论过音乐或比赛，或是轮流亮出自己知道的好玩事后，那些烦心事也就在笑声中被忘掉了。要减压，就更不能把周围的气氛搞得压抑。轻松一点，压力也会跟着有所减轻。

面对挫折与压力时，我也会与自己交流，更多的是给自己积极的心理暗示。比较典型的一次是我一模数学考得很惨之后，为了不让自己产生"可能没戏了"之类的消极思想，我写了一张纸条贴在铅笔盒里，告诉自己还没到最后，一切都还有可能，反问自己不相信自己还要去信谁。那段时间，每次打开铅笔盒都要默默地、坚定地这么告诉自己。过了一段时间，我就形成了这种思考方式，不再惦记那一次失利，而是再次全力向前了。话说回来，很多时候，最能击垮自己的其实是对自己的质疑。通过与自己交流，让自己学会相信自己，就不会从内部崩溃，对压力与挫折也会有一定的免疫力。

课外活动浅谈

给我加压的除了学习本身还有课外活动。它们主要是通过挤占学习时间带给我压力的，所以处理课外活动与学习的过程又是另一段故事。

我参加的最主要的课外活动是从高一下学期到高二上学期的气候酷派活动。这个项目中，小队最终是要代表学校参加全市乃至全国比赛的，所以必须做到学习与项目两不耽误。

我试过尽量让做项目的时间避开学习时间，结果是需要早晨比平时早起半个小时去测量数据，弄得白天没精打采，还是影响到了学习。其实这个结果也是情理之中——每天的时间本已被学习占满，再生生挤进一个研究项目，只能是两头耽误。

很不幸，我的学习属于"慢工出细活"的一种，必须有时间的保证。因此，对我来说，要在做出有质量的项目的同时保证学习，就要充

分利用并安排好一切时间，并通过事先的安排，在有限的时间内尽可能快地完成项目（而不是尽可能快地完成作业）。

测数据之类比较耗费时间的事情一般就留给周末，这样就不会影响平时白天听课了。队内的小事，如小规模的碰头会，尽量安排在课间，中午完整的时间就可以留给作业或是答疑。另外，我们把项目拆分成了好几个阶段，每个阶段内，每一次活动就都带有了明确的目的。每一次活动之前，我们都会用几个课间做好计划，商量好时间、见面地点之类的。这样，我们一到齐可以立刻开始，过程中也没有不必要的停顿，会节约很多时间，学习也就能基本如常进行。

但是到了后来，有时要在实验室里留到很晚做测试，为北京市决赛做准备时，全队要在一起反复排练，在学校待到八点以后也不少见，活动与学习冲突的激烈程度超出了我的预期。有时候，实在是没有时间与精力完成全部的学习任务，我会有选择地放弃一些重复性的作业或是有绝对把握的科目，但求掌握好重要的或是不熟练的知识点。当质量与数量、强项与弱项实在不能兼顾之时，对我来说，质量、弱项（所谓木桶效应）为上。当然，课外活动无论如何不能成为忽视学习的理由，一时疏忽，以后就可能不好收拾。竞赛结束后，我在当时忽视的科目上也下了工夫补救，好在没有留下后患。

另外还要说一点，课外活动可能会与学习发生冲突，但如果决定了要做，就不能总是做着一个、操心另一个。否则，双方都引你分心，结果很有可能是两头耽误。它们其实有点像同样重要的两项作业，只有都专注去做，才有可能都做好。

这个过程，我更多要感谢我的老师们。

✿ 老师的影响

高中时，我的两位数学老师在教学风格上几乎是截然相反，但他们却有着一个共同的理念，就是思考过程最重要，甚至比结果更加重要。我想我可以说，我后来形成的对独立思考的重视，很大程度上是他们的理念作用后的结果。他们时常会反问我们："题目会有人给你讲，可会有人替你想吗？"、"没想出来不要紧，只要你坚持去想，总有一天你会有能力想出来。"言外之意，做题为的不是最后的答案。掌握思考能力，足可以一当百。在他们的反复提醒之下，我开始自己思考那些通常会放弃的题目，有时候会琢磨四十分钟甚至更长。久而久之，思考成为了习惯。更让我惊奇的是，我发现那些题目并非高不可攀，我有足够的能力攻克它们。看似平常的理念，却让我收获了一个三年间始终指引我攻克难关的好习惯，外加一份自信……

还有我的语文老师，她始终认为语文是生活的一部分，也该是人生的一部分。虽说从进入高中，高考始终是那片压城的黑云，但她直到高三，教的都是语文，而不是如何去解答最后那份试卷。她会在早读时给我们介绍著名思想家的生平，会在不加任何限定的时间让我们从楚汉相争谈自己的英雄观，会让我们在欣赏过一篇美文后自由谈感受……到了高三，她和我们一样怀念那段在语文中自由翱翔的日子。她的理念教会我的同样是思考，但已不再是简单地钻研题目了。她让我爱上了那种自由的感觉，让我不想简单地被现实拘束。思考我这样做是否对得起自己，对得起别人，而不只是简单地想着在此时获利……

如果说有什么教学理念影响了我的成长，它们当之无愧。

❀ 最后感言

写了这么多，我真的很想说，我能有今天，除了自己的努力，还要感谢指引我走向成熟的老师与父母，陪伴我度过了那么多日夜、经历了那么多考验的同学，甚至是那些以实际行动教会了我对抗挫折的运动员。我感谢身边的一切。但毕竟今天的我还是个半成品，未来的我还有很长的路要走。很幸运，能站在北大这样一个平台上向未来迈进；也很感谢北大，给了我一个机会与学弟学妹们分享这一点经验，我真心地希望它们会对一部分人有些用处。

跳出课堂学知识

在跳出课堂学知识的过程，最关键的就是不要苛求自己能学会什么。我相信绝大多数同学在读这样的书时，都不会立刻完全掌握书中的内容，甚至会完全无法看懂。这当然是正常的，关键是，不要就这样失去信心。这些知识虽然超过我们的水平，其中的绝大多数却远非是无法学会的。只要经常翻阅，不断思考，总会茅塞顿开。

姓　　名：钱进
录取院系：物理学院
毕业中学：黑龙江省大庆铁人中学
获奖情况：2010 年第 27 届全国中学生物理竞赛三等奖
　　　　　2011 年全国数学联赛省级赛区一等奖

记得初中时，每次发新课本我都是异常兴奋。因为每一本书里，都有很多我想知道的内容。我想，很多同学也有着相同的感受。

然而，现在回想起来，我们为什么那么依赖于课本的知识呢？

你是否好奇牛顿究竟怎么用万有引力定律推出开普勒定律（当然不是圆轨道的简单情形）？

你是否想过任意的复杂电路（含多个电源或不能化为串、并联电路）究竟该如何计算？

你是否想过那个奇怪的 K2 公式是从哪里来的？

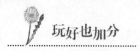

你是否想过各初等函数的求导公式是怎么推导出来的?

你是否想过"弱酸弱碱盐溶液的酸碱性比较复杂,这里不做讨论"背后究竟是什么结论?

你是否奇怪一体积水在空气中溶解的二氧化碳受热放出远不到一体积?

(以上六个问题,依次参考力学、电磁学或电工学、概率论与数理统计、高等数学、无机化学、物理化学,物理竞赛书中有第二个问题的答案和第一个问题远不完整的解答)

如果有,那么,你早已意识到,我们课本的内容,是不完备的。这些知识,都是"高中知识的自然增长点"(仿严宣申语),然而,无法在高中课本里找到。如果局限于你目前的课程,你永远也无法获得相对完整的知识。所以,如果你希望满足你的好奇心,希望解决学习中的疑惑,希望获得更全面、更系统的知识,那么你必须跳出课堂学知识。也许跳出课堂学知识不会使你的课内成绩有显著的提高,但是满足了好奇心总是一件令人愉快的事情。另外,跳出课堂的学习,可以让你具有更高的高度,对课内的知识就能更好地掌握,做到融会贯通。

说到跳出课堂学知识,不得不说一下竞赛。参加竞赛的过程,正是跳出课堂,接受更加丰富、完整的知识的过程。竞赛给了你跳出课堂学习的一个额外动力,并且为你的学习提供了老师及家长的理解和支持。竞赛加分与保送门槛大大提高之后,虽说很多无心竞赛的人不必再受竞赛之苦,但少了家长和学校的支持,再加上升学的压力,不知会有多少人失去了这样一个跳出课堂束缚的机会。另外,参加竞赛的同学要注意不要让竞赛大纲成为自己新的束缚。

是否要把课内的知识学好才去学习课外的知识? 答案是否定的。我承认课内知识是跳出课堂学习的基础,很多要在课外学习的知识也是在课内学习的过程中挖掘出来的;然而,课内的知识没学好,常常成为很多同学束缚自己逃避更广博知识的借口。非要苛求自己把课内知识学到极致再超越课堂学习，既是不合理的，又是不可能的。把课内知识学到极致需要大量的时间与精力，往往会使你无法跳出课堂；而不跳出课堂学知识，是无法把课内知识学到极致的。如果局限在课内，课程要求就是你水平的天花板，你永远也无法超越它，若是再打点折扣（这是常有的），你的水平就会永远在其之下。恰恰是跳出课堂学知识后，你才能将课内知识学到极致。所以说，课内知识虽然重要，却不该过分强调。永远也不要给自己学习的知识设定界限。只要你能感觉到课内知识的局限，就要大胆地跳出课堂学知识。我学习英语的经历（见后），也许可以给大家参考。

　　想必很多同学已然迫不及待地想要跳出课堂的束缚，学习更多的知识了吧。然而，下面一个问题很重要：我们该如何学到我们想知道的课外知识？

　　自己钻研是获得知识的一条途径。比如，开篇我提的第一个问题，我就是独立解决的（当然事先学会了一些高等数学的知识）。然而更多的情况，我们还是需要额外的帮助。往往家长和老师并不能给出满意的答案，甚至还会给我们跳出课本的做法泼冷水。根据我学习数学、物理、化学的经验，这些知识往往在竞赛书或者大学课本之中。对于文科，我没有什么经验，但大学课本似乎并不是最好的选择。

　　跳出课本却又回到课本，确实是一件让人遗憾的事情。科普作品有优秀的（如张景中院士的书，还有一些翻译过来的国外科普作品），但是大多数科普作品都是描述现象的"十万个为什么"，剩下易懂有余、完整不足、缺乏系统的知识结构（有的甚至还有错误或者不确切之处），作为入门了解一下大致尚有价值，不值得认真钻研。而学术论文著作远远超出我们现有的水平，没有我们关心的内容（有人说要看牛顿的原著《自然哲学的数学原理》，我想提醒一句，牛顿的讲述方法已经落后我们几百年了，牛顿所用的微积分术语也已经基本被历史淘汰了）。所以总结起来，只剩下大学课本，能提供正确的、系统的、足够丰富的知识。

在跳出课堂学知识的过程，最关键的就是不要苛求自己能学会什么。我相信绝大多数同学在读这样的书时，都不会立刻完全掌握书中的内容，甚至会完全无法看懂。这当然是正常的，关键是，不要就这样失去信心。这些知识虽然超过我们的水平，其中的绝大多数却远非是无法学会的。只要经常翻阅，不断思考，总会茅塞顿开。还应该注意的一点就是不要求全。就好像你拿一本字典查阅单词时，不能强迫自己把整本字典背下来一样（除非你真的感兴趣）。一般来说，只要筛选出自己感兴趣的内容阅读就好，其他部分可以跳过，如果需要，再返回查阅。这样阅读，就会像读报、读小说一样轻松。也许有人会说这样学习不会扎实。没错，我们的目的又不是扎扎实实额外学一门课程。我们要做的，是找到想了解的知识，解决自己的疑问。

我从初中的时候就无意中开始了跳出课堂学知识的过程。真正使我养成了跳出课堂学知识的习惯来自物理学习，虽然出于兴趣我读了很多（甚至比物理更多）数学和化学方面的书。我很庆幸我的父母和老师能给我支持并提供了良好的条件。初中的物理知识是很局限的，而且常常是定性而非定量的。在电学部分，我思考了很多，产生了好多疑问，并开始通过自己钻研和查找资料来解决。关于一般电路计算的问题，正是那时查阅电工学找到的；关于反电动式的问题，也是那时思考时想通的。正是通过跳出课堂学知识，我摆脱了定性的初中物理，开始用数学方法定量地处理物理问题，了解到了物理规律的决定性性质。跳出初中物理后看到的这一片广大的知识海洋，使我从此再也不满足于课堂的内容。从此以后，遇到课内知识，找找不完整的部分、查查相关的问题，成了习惯。高中以来，由于不满足于波尔生硬的氢原子理论和高中课本对量子力学定性的、粗浅的介绍，我尝试读过量子力学（因而需要学习数学物理方法，并因此学了点关于广义函数的知识）。由于只是希望知道量子力学的基本理论，于是微扰之类的一概略去，复杂公式也一律跳过，数学物理方法也只是大致了解分离变量的原理和精神，其他全都略去。这样的学习之后，我对量子力学的原理产生了自己可以接受的一点理解。

但是遗憾的是，长期以来，我跳出课堂学知识的习惯，只局限于理科。我的英语一向不好，于是就像我前面提到的，我以自己英语课内知识都未学好为借口，逃避超越课堂的学习，结果当然是水平与成绩更加不好，于是就更加不敢学习超越课堂之外的内容。高三数学竞赛结束后，我开始对英语产生兴趣，准备捡起英语。当时我的英语水平在班级只属于中等，课本的内容也没有完全掌握。然而，有了理科跳出课堂学习的经验，我决定跳出课堂学习。我开始试图阅读一些英语的书，并且一度乱翻词典，看不会的词，看熟悉的词的派生词，看英语核心词，看偶然翻到的不会的又有意思的词（当然不可能强求完全记住）。结果，虽然和真正优秀的同学还有差距（这些同学一般很早就跳出课本学习英语了），但是相对自己却提高了很多，尤其是能以"龟速"阅读一些英语的数学教材了。跳出课堂学知识对能力的提高，由此可见一斑。

在北大这一汇集全国精英学子的地方，我难称优秀，甚至很多高中生也远远比我优秀。但是我希望，可以将我的一些感悟与大家分享。如果大家觉得跳出课堂的学习可以实现，不妨一试。我相信，这一定会对大家水平的提高大有裨益。

剑心苍茫吐幽蓝
——记我的高中生涯

> 青年时期每一个人都愿意自己的生活尽量地完美，不希望有所遗憾。高考是横亘于每个人面前必须经过的大山，登山途中不免有唏嘘、张狂、痛苦、欢喜，你只有真正用心去走，去哭过、笑过，体会其中甜苦百味，才有可能找到属于你的道路，融入属于你的世界。

姓　　名：董晔

录取院系：外国语学院

毕业中学：广东省中山市第一中学

获奖情况：广东省"三维杯"国际象棋锦标赛冠军

全国"广播杯"国际象棋冠军

全国"希望杯"国际象棋亚军

全国中学生国际象棋锦标赛高中男子组第二名

三年时间弹指而过，如今回首，依稀可见自己曾经的瘦小身影，苍身独过，满船星辉。这三年漫长之路一步步行来，其中不免要品酌杂陈百味，只今空一笔笔匆匆带过，不禁感慨万分。是啊，三年不长不短，它承载不了太多太多，但当我为其题上璀璨的"奋斗"二字，三年足以闪烁浩浩人生。每一个短暂的瞬间，每一个沉寂的时刻都是这三年的曾经：同窗不舍的离别，夜灯下静静的思索，晨钟敲响时悠游的漫步，暮色降临时暗暗的坚定。这一切的一切，如今都已成过去，岁月敲磨的不仅仅有记忆，也有每一个人的人生。

贾岛曾言"十年磨一剑"。每一个高中生的三年历练又何尝不是磨一把利剑，纵有风尘茌苒，仍期许有一天能刀光出鞘，崭露锋芒，吐露少年之大智大勇，挥毫生命之壮行壮歌。而我也希望我所写的能给予更多有所期许的同学启发与思考。

✿ 曾入沧水忆昔年

曾经的我捧着胡适、李大钊的文集，思绪万千，梦想走进中国的学术殿堂；曾经的我看着五四运动的简介，向往着那片可以滋养如此学生风潮的神圣土地；曾经的我挑灯夜战而无倦意，虽大起大伏而犹然无悔，只因认准了燕园而义无反顾。朋友，我希望告诉你的第一点就是：你的梦想很重要，尝试去建立你的梦想，你的梦想会牵动你的信心、你的激情与力量。

对我来说，高中生涯的梦想从入学起就意味着北大，我甚至学鲁迅把"北大"二字刻在了床边，还寻思找来苦胆，学勾践每日尝胆铭心，而这就是梦想的魔力，它能让人痴狂。所以当你有了目标行走，你不会盲目，你的辛苦与勤奋亦并非麻木，你的思想更不会僵硬于应付。你会紧随内心的脚步，不停息地去追寻。而为了目标，你必须学会制订计划，它将你漫长的学习过程分解成若干个小步骤。比如，我的英语曾一度较弱，而我是这样制订计划的：

1. 三个月里每日学习一篇英语美文（包括单词、好句的摘抄，作文的写法的研究）；

2. 两个月后的期中考试英语必须达到 125 分以上；

3. 三个月后每天整理 1～2 页的笔记；

4. 第三次模拟考试之前，英语考试必须达到 135 分以上。计划有时会由于情况的变化而不太有用，但大多数情况下它会减少你的时间浪费，保证你的学习效率。毕竟谁都希望学好，计划的制订则通过量的积累形成质的变化，更重要的是，对于一个希望有理想成绩的人来说，计划的制订意味着对自己严苛要求与无情敦促。试想，若你在坚持了一个月熬夜看书终于有一天撑不住时，计划会对你说，你一定要坚持挺住！否则，计划就完不成，梦想也难以实现。此时再大的痛苦也会成为下一步前进的垫脚石。要知道计划意味着不断地前行，甚至超越！而一次次地制订计划，一次次完成计划甚至超越计划目标，是我在高三繁忙的学习生活中仍有余力深入学习的重要原因之一。

曾经的我面对文科与理科的抉择不知所措，面对文综的不济一片茫然，面对排名落后惶恐不安。多少个曾经的不眠之夜我与问题度过，多少次曾经的试图放弃转身后仍定住身心。无论如何，曾经的我都走过来了，借此我也想告诉同学们第二点：学会坚定与相信。

首先要坚定，高中备考时你会遇到许多不同类型的题目，不同人的学习方法，不同的参考书，不同老师的学习技巧，这些都需要你亲自去选择，择优而取，寻找真正适合自己的学习之路，而一旦选择了莫轻易改变，即要相信自己。有许多同学喜欢借鉴别人的方法，如数学的学习，兴许他看到别人疯狂做题，所以自己也跟着做，结果收效甚微。原因在于他不知道别人早已深谙书本的任何一块内容，包括公式、例题。真正的高手做题是为了遇见新题，从而拓展自己的思维，可他自己对书本了解甚少，做题时基本的题型都不能弄懂，所以就不会有好的效果。我的建议是，想要提高数学，首先要明白自己平时的薄弱点在哪里，这可以是大的方面，比如说数列、导数或不等式章节等；也可以是小的方面，比如说数列一节内容，是公式不清楚还是公式的变化未过关，还是说在与导数和不等式结合时不知道如何灵活运用。这就需要同学们先找准弱项，再进行针对性训练。比如说，复习时拿一张纸列出一份清单写出自己的薄弱方面（如上面所说）。然后找出从前的错题，一个个对照，翻看书本，或自己去寻找相应的题目来做。蒋方舟就曾经因为一章书的内容不明白，上网找了 400 页的题目，一题题来做，终于攻克了这一章的内容。所以只要你用心，就不会有攻不下的坚垒。所谓"盘根错节，可以验我之才；波流风靡，可以验我之操；艰难险阻，可以验我之思；震撼折衡，可以验我之力；"。高考的备考其实就是考对书本的熟悉度，对题目的完成度。比方说历史，第一轮复习完后需要在脑海中制定框架，但更重要的是课本。比如我就要求自己黑字部分的内容都要熟记，甚至对笔记都要记得滚瓜烂熟。我自己曾对关于小农经济解体的原因、表现、意义的问题做了两页的笔记，到现在我仍能记得住，这不得不归功于当初的疯狂记忆、疯狂翻看。所以高中的所有学习，最直接的目的是为了高考。但它却能更深层次地培养人的毅力、决心，而这些并不仅仅对高考有用，它会陪伴你创造属于你的成绩。在这一点上，大家都是公平的，也许有部分人天赋超群，可假如他们停下了脚步，那么另外一部分人，也许他们天资平平，但他们坚持去记忆、去做题、去完成老师布置的作业，最后也许就会超越前者。我希望大家都能相信自己、坚定自我，也许成绩波动了，试卷完成得不好，上课开了小差，但所有的阴霾都会慢慢淡去，我们要看自己做到了什么，完成了什么。比方说 100 分的小测，你拿了 85 分，有人拿了 99 分，也许你会不高兴。但你要看到你的 85 分是否尽心？是否有可以拿到的分没有拿？找到了答案后，自己要不断翻动书本一遍遍去弥补漏洞。持之以恒去尝试发现，你会看到你的不足会不自觉地被填补。终于有云破月来，窗明天清，青峰临穹之大风景，终于可以轻舒一口气，更上一层楼。

石火光中寄此生

今年广东高考语文作文的主题讲的是有关过去、现在和未来的，我还记得我在文末用了白居易的诗句"石火光中寄此身"，来表达对人该如何在时间流逝中生活的一种看法。我希望每一个人都能真正看到生活的含义。而我在这里想说，高考不是全部，但在备考中你的方法、你的经验，你所承受与难以承受的都是你的全部。而这些是难以用高考的分数去衡量的。你能做的，就是不去想你的分数，而要把握好时间的每一个缝隙，做好自己。有一段时间我觉得自己做事情总是想太多，考试总想自己能不能拿高分，锻炼时总想有没有效果。但后来班主任及父母对我说：你只能看你的现在。其实是让我专注于我的当下，要心无旁骛。因此我尝试先做好手中的事而不去想结果，去尝试留下自己的足迹而不过分要求自己。因此以后的我愈到高三末愈为沉稳，甚至到高考时都非常专注于手头的试卷。所以我想说的第三点是：有一些事你自己是控制不了的，比如说高考老师的阅卷、比赛时裁判的评判，但你能控制自己的心境。你必须抽出时间学会思考，而非一味投入课本。

这里的"思考"并不全都是哲学上的天问，诸如世界的起源、人类社会的发展等，你要思考的是你自己。每一天下来，你要尝试去审度自己，去给予自己更丰富的思维。比如，某天学习完后想想今天是否无愧于自己呢？有按时完成计划吗？有及时进行梳理吗？自己的学习方向和方法有问题吗？再比如，今天地理老师说塞纳河的航运与周围区域的农业发展，你在思考时，要想想自己清楚塞纳河的方位吗？塞纳河的功能只有航运与灌溉吗？塞纳河和周围的河流有联运吗？河流的水系特征是什么？你甚至可以想一些更有意思的，比如说自己能区分塞纳河和莱茵河的水文吗？如果两条河发洪水，它们的水位图是怎样的？（这样就不仅仅局限于河流，它更需要你去拓展到地区的地形、周围的湖泊、水库的修建等。）如此类推，通过每日的思考，你能从一分一秒的时间流逝中去挽留住自己的思想精华。而我是这样做的，一是我每天晚上睡觉前会模仿乔布斯：静坐一段时间，来思考每天的学习、每天的同学交往、每天的报纸评论等；二是每次复习时我会思考书本的内容，比如说语文，我在看书时会想想自己对文章作者有多少了解？作文能用他的事例吗？文章的结构、文笔好在什么地方？自己写的话会怎么写？如此的思考没有任何的限制，你想到什么都可以。只要能把思维进行延伸与再创造。这种思考其实就是更深层次的求知，很多时候你看问题是看得不深入的，要学会去拓展，去加深厚度。很多同学的历史选择题选不好往往就是这个原因。他们通常只看到一个方面，但其实正确的答案涉及多个方面，它更全面地解释了某种现象。所以我希望同学们能够学会发散式的思考，去不断地弥补自己的不足，加强自己的弱项。

❀ 大鹏一日同风起

李白有诗："大鹏一日同风起，扶摇直上九万里"，一抒曾经少年志气。而为我辈少年，当与天不老，满带蓬勃之志向，如大鹏般身入万里长云，假令风歇时下来，犹能簸却沧溟水。青年时期每一个人都愿意自己的生活尽量地完美，不希望有所遗憾。高考是横亘于每个人面前必须经过的大山，登山途中不免有唏嘘、张狂、痛苦、欢喜，你只有真正用心去走，去哭过、笑过，体会其中甜苦百味，才有可能找到属于你的道路，融入属于你的世界。

最后我要说的一点是，好好品味你的高中，不要有任何的侥幸心理。一千个人有一千种过法，主要看你自己希望自己的未来如何。而不要有侥幸心理，主要是说在备考阶段你必须一点点填补漏洞，而不要指望考试不考。比如说，这次高考我们文综的最后一道题考区位的选择。有些人出来之后唉声叹气说没料到有这种题目。但我在复习阶段已经用学校的教辅把高中的地理都过了一遍，而且人文地理部分着重复习，因此当看到题目时并不慌张，题目要求写四点而我写了五六点，这也是精心准备的回报。我希望同学们能够将高考看作步入社会前的一次历练，更希望你们能更自由而不被功课束缚，更洒脱而不被成绩困扰，更大气而不被失败裹挟，携带着对大学的憧憬扶摇而上，跨越群山，当凌绝顶；壮游千里，不负剑心，吐露对未来的满心期许，俯仰间无愧于心。

  于我，大学意味着新的挑战、新的收获、新的梦想、新的舞台，在那片神圣的土地上书写新的篇章。"心事浩茫连广宇，于无声处听惊雷。"曾经大师的风华绝代仍回想耳际，日后的 4 年，他们的思想将陪伴我进行新的探索与研究。我愿竭尽本心，在新的领域早日登堂入殿，继往圣之绝学，成就新的辉煌。

记忆碎片

　　高一时我曾前往英国访问，当时级部主任并不赞同。的确，学业尚处上升期，又面临着数学、物理两门竞赛的压力，老师当然不希望我"自作主张"。但我最终在家长的鼓励、自己的坚持下走了出去。视界决定高度，见识得越多，看待问题的角度越多，心态越开放，越可以走出俗常、抓住机会。

姓　　名：华天韵

录取院系：光华管理学院

毕业中学：江苏省锡山高级中学

获奖情况：全国高中数学竞赛江苏省二等奖

　　　　　第十一届苏教国际杯作文竞赛特等奖

　　　　　第六届全国创新作文大赛一等奖

壹·锡中笔记

　　三年前，是乐群湖畔的夕阳把我带进省锡中。

　　坐在湖边古旧的木椅上，看一轮夕阳散发温煦的光芒，一边领略"半江瑟瑟半江红"的诗意，一边捧一本书静静阅读——这是我曾经对

高中的全部幻想。

等到真正体验高中生活，我发现，之前的幻想果真只能止于幻想。高中很紧，很忙。永远有目标、有节点横亘在面前。我们始终在奔跑。

而我最感念锡中母校的一点，即使老师或者校长无法帮我们打开应试的枷锁，他们仍然致力于对优秀人格的培养，对心中那颗火种的育护。

毫无疑问，三年里对我影响最深的人当属班主任袁纯洁老师，她是一个格外自强的女性。记得高二升高三的暑假里，为了同返校的同学一一面谈，她竟马不停蹄地讲了整整两天。两天的返校一毕，她立刻发烧，嘴角起泡。见到她的时候还是在学校，她双颊烧得通红，我吓了一大跳，她却仍说没事，几番要求后才终于回家休息。而当她的教育理念与一些现实冲突时，她也始终持着一种坚守的姿态。这种坚守，是身体力行的教导，也同样赋予我勇气与力量。

纯洁又是一个理性的、真诚的、懂得育人的老师。她曾说"我很心疼，看着你们中的一些明明已经很努力得到的却还是挫败"；可她又说"你们受到挫折，我应该怎么做？也许为了感情我要抚慰你，但我更愿意毫不留情地指出你的缺点，理性地建议你接下来应该怎样做，这样做不是冷漠残酷，因为只有这样你才能真正走出挫败"。从军训开始，她就教育我们要学会慎独，要有担当，能够跨越常规、保有底线、坚持原则，再怎么成功也不能把自己当成是大熊猫，再怎么忙也不能忽略他人的感受等。

之后与纯洁的交流更多了，有时她毫不留情地指出我的缺点，有时我们对一些现象交流看法，有时她也会跟我讲一些她的彷徨与痛苦……她的真诚得到了我的回应。我相信她是了解我的，也因此自主招生笔试前夜她理解我为何坚定地拒绝轮番的考试指导，在面试准备过程中我得到多方质疑甚至流于情绪化表达时，她也始终抱定对我的信心并为我做出冷静的指导。这是一个学生与老师的默契，甚或是朋友之间的默契。

另一位令人敬仰的是唐江澎校长。"升学和育人，固然在现行教育体制下存在着种种矛盾，有一定的价值次序。但价值次序并非价值对立，不是非此即彼不可兼得的，所以要升学，更要育人。"

的确，关于教育，每位校长、每个学生都会有一些美好的期望。但是把期望变成理想、变成奋斗的，太少太少。更多的人被现实压扁，朝着相反的方向一退再退。

"如果现在不改变，什么时候才会?"唐校长激动地对我们说。那是一次聊天，他满怀激情地向我们描述这样一个设想：开设"诚信食堂"，自由打饭选菜，再自己到打卡机上扣除相应金额。也许开始时有人会想占小便宜，但他（她）定然会面临道德和舆论的压力。久而久之，食堂便可靠着各人内心的道德法则而运行，无须严苛的制度约束。这个计划，不能太晚，三年之内必须施行。学生以诚信感染家长，家长以诚信感染社会……

我们几个同学提出了异议：三年之内太快，这样的思想觉悟，恐怕十年、二十年以后才会有。唐校长反驳："我们太擅长等待和安于现状，我们需要真诚的激情。"

省锡中里不乏这种充满了真诚激情的教育：每个周六的晚上，某些"超级中学"里应是一片笔声，省锡中学子却在欣赏《辛德勒名单》、《入殓师》这样充满思索与温情的好电影；重金打造的"匡园科学院"，只是为了满足同学们探索科学的好奇心；下发学案的页眉处，时常可见玻尔、卢瑟福、李比希、笛卡儿这样的科学大师充满人文精神的名句；语文级部备课组更是着力培养学生们的批判思维能力和对现世的关注……

说实话，高中三年，我对母校有过激愤，对应试有过强烈的痛苦。但更多地，我仍然感念我的学校与老师，给我温情，教我为人，为我们守护理想。

贰·家风如露

高考结束后，常有人向我父母问起家庭教育的特点或秘诀，而结果往往是集体失语。父母没什么头头是道的教育理念、育女心经，这一切都源自于他们远见的目光和绝不刻意的家庭教育。

他们都是老师，母亲开朗热情、父亲沉稳持重，我在鼓励式的、尊重开明的家庭中成长。小学伊始，他们便努力营造"书房门第"的氛围。母亲教我背儒家经典，父亲教我背唐诗宋词，有三年母亲没怎么看电视也是为了培养我的阅读习惯。他们陪我一起看书，却从不圈定阅读内容。他们从不认为武侠、玄幻是不可触碰的毒药，反而津津有味地同我一起阅读。这种"放养"式的方法让我最大限度地享有自主的乐趣，阅读的取向选择也正是这样一步步成长出来的，从肤浅逐渐走向深刻，从情节逐渐走向背后的意义。

父母开明，很尊重我的想法和选择。虽然我的成绩一向稳定，但也会碰到学不进的时候。这时我就会停下来——既然是不喜欢的事情，那就先不要做，否则会越做越讨厌。所以，即使在高三冲刺阶段，时间极其宝贵，父母也能理解我，带我外出散心。一边散步，一边和父母聊天，我就能特别真切地感觉到：世界很大，生活里不只有一个省锡中，不只有习题，不只有高考，还有很多更美好的东西。于是高考的压力不再那么难以承受。那种出去走走的感觉，很好。

特别感谢这如露的家风，特别欣赏母亲的话："如果你是名牌，你穿什么都是名牌，如果你不是名牌，你穿什么名牌，那都不算名牌。"

叁·攀登之路

回望自己高中成长的三年，也并非一帆风顺。

高一时，身处七班这样一个高手云集的班集体，我面对过落后的痛苦、进步的压力。但这种种，都是在比较下而生出的，最好的莫过于当时母亲劝诫的一句："你每天只需进步一点点，比昨天的自己好一点点，就是最大的成功。"永不放弃对卓越的追求，永不在挫败前放任自己、降低对自己的要求，认真倾听别人的意见并心平气和地改正，这些支撑我一步步走入年级的第一方阵。

　　我想高中的很多经历，都能给人以很多启迪。

　　高一时我曾前往英国访问，当时级部主任并不赞同。的确，学业尚处上升期，又面临着数学、物理两门竞赛的压力，老师当然不希望我"自作主张"。但我最终在家长的鼓励、自己的坚持下走了出去。视界决定高度，见识得越多，看待问题的角度越多，心态越开放，越可以走出俗常、抓住机会。我们生活、学习的空间很局限，但这种物理空间上的局限却不一定能造成心胸、视野的局限，古人说"读万卷书，行万里路"即是很好的勉励。勇于打破常规，以"世界公民"的心态看待自己，才能最大化创造出属于自己的精彩。

　　参加竞赛则给我另外一种启迪。我高一时修数学、物理，高二时由于时间冲突退出物理，专攻数学一门。与社会上许多对竞赛的批评不同，我的真实感受是竞赛培养了我对数学的兴趣。面对一道难题，抽丝剥茧、苦思冥想几个小时，到最终灵光乍现找到思路最终解出，其间乐趣宛如清风明月，无可陈述。但到最终面对决赛我还是败了，因为最后纯粹的追求变质成了对奖项功利的追求。在挫折中我明白，只有热爱和沉静地钻研，而绝非功利与刻意，才能指引你获得成功。

　　给我记忆最深的一段经历是筹办北大自主招生。我当时并不清楚自己的实力与北大的要求有多少距离，这样的奋斗是痛苦并快乐的。你有着绝对清晰的目标，以及勇气、斗志，也需要有高度的自制力。那两个多月在学校的时光中，我们一小群人在一个独立的教室共同自修。共同奋斗的经历太美好了，相约计时刷题，每天固定两次讨论时间，互相勉

励、互相开涮，我们戏称之为"小国寡民的时代"。而寒假在家时，我也恪守学校的作息，同学间成立的"组织"时时传递着鼓励监督与进度信息。自招考试没有明确范围，时间紧、题量大，考查学生应变与拓展能力。试前我又着重训练，制定应对方法，最终我获得60分加分资格。清晰的目标，并为之全力以赴，运用智慧的方法，是收获成功的甘甜的必要因素。

我是理科生，却从未放弃对文学的热爱。一开始我的文章不时暴露出浮泛空洞、不知所云的病症，真正的转折可能因为史铁生。他是我最喜欢的作家，用逻辑的思维方法，对人生大问的透彻思考为我擦亮了眼。

他在《我与地坛》里展现的，是一个天真的孩子面对宇宙才能有的坦诚。但他有孩子所没有的睿智。他展现的困境，亦是我的困境。他的孤寂也是我的孤寂，他的无助也是我的无助，他的坚强也是我的坚强。他的感动背后，有一条小路引向自由的湛蓝的天空。就像许纪霖在《另一种理想主义》里说的，"生命的残缺，人生的虚无状态，反而为人战胜自己，超越困境和证明存在的意义敞开了可能性空间。"

世上最难得的是契合感，我对铁生始终抱有钦慕与欣赏。我常想等我"修炼"到了一定境界，便去拜访铁生，促膝长谈。可是那天，在网上看着他离世的消息，我只能默默地流一行眼泪，我还未能完全参透他关于生死的智慧。不过好在，他的文字还在，他就还在。

读与写，永远是两个不可分离的方面。我常常在家中一人独自伏案至深夜，四周万籁俱寂，案前唯黄灯一盏，默默吐辉。但我的心头总有无尽欢欣，或心潮澎湃难以自胜，或宁静安详娓娓叙来，便似遇着了多年未见的好友，将日中所见、胸中所感尽数吐出。

在这些"写作之夜"里，面对纸笔，褪去身上每一丝浮华之气，叩问最真实而纯净的自我，将心降到和纸页一般平的位置，从容自如地叙说，坦诚专注地求索。因此无论是记录生活的琐屑，还是指点江山的豪情壮语，都有了震动人心的力量。

以我手写我心，这是最常被人挂在嘴边的，但是要践行却不是一件易事。不过倘若失了真诚，这支笔想也失了本来的性灵，文章便也失了内涵与"读毕口齿噙香"的余韵。

我的坚持最终也得到了回馈，两次作文获奖即是对我所坚守的最好肯定。

每每回望这些令自己高兴的收获时，总是发现得之于人者多，出之于己少。贪他人之功以为己力是不道德的事，所以史上凡有些许成绩的人，大都谦抑而不居功。爱因斯坦那篇亘古以来崭新独创的狭义相对论结尾，也有天外飞来一笔："感谢同事兼朋友贝索的时相讨论。"

高考成绩出炉的喧嚣终归于平静。何况眼下并不代表着胜利或者成功，今后的路还长着呢，我要稳稳地走好，毕竟光环也容易变成负担。

肆·北大之缘

年少稚嫩的我们，常常因纯感性的原因对一样事物充满热爱，并且不愿意改变，我也不例外。小学里读田晓菲《十三岁的际遇》，便对北大充满最单纯无知的向往。

这份向往，随着年岁渐长，随着我对北大人文、自由的校园氛围了解增进后，便成为一个沉默的理想沉在心头。我一直认为，所谓理想是一个人的事，不是博得他人欣赏的谈资，也不是以此追名逐利的工具。高二时，几经斟酌，我终于坦诚地告诉班主任我的燕园情结。我忐忐忑忑、战战兢兢地写了很多，而最终——她的评语是"你知道我现在最想做什么吗？给你一个大大的拥抱！"我几乎落泪。

真挚的感情最是美好，但当它受到冲击，带给我的便有痛苦。看到种种北大负面的消息，我痛苦地质疑自己，是否从小到大的挚爱与坚持只是一个广告植入的天大笑话？是不是在中国内地已经找不到高等教育的希望？痛苦之后是清醒。其一，作为中国大学的翘楚，北大担负着更大的希望、更多的舆论关注，有些事件难逃刻意放大的嫌疑。其二，北大不可避免的确存在一些问题，所谓金无足赤，但这绝不是背离或逃离的理由。与其懦弱逃避，不如尽己所能，改变现状。其三，无论有什么样的问题，北大仍然是大师、精英的荟萃之地，仍有自由包容的血脉传承，仍有浓厚的学术氛围、社会实践的舞台、国际交流的机会，谁又能抹杀这些？其四，中国社会正值激荡变革时期，当年的北大引领了五四潮流，而今又舍她其谁？

怀揣这些挚爱、痛苦、清醒，我最终收到了北大光华的录取通知书。我坚信我的选择，我将发挥所长，在所学领域有所建树，实现不甘平庸的追求，也暗自企望，世界因我存在，而有所不同。

我的奋斗

> 如果你只是把自己关在学习的笼子里，见识狭隘还是小事，关键是你会因此错过很多美好和值得回忆的事，从而留下遗憾。

姓　　名：王欣

录取院系：心理学系

毕业中学：山西省山西大学附属中学

获奖情况：第 28 届全国中学生物理竞赛山西省一等奖

从得知保送到拿到录取通知书，心中的喜悦愈加积淀愈加激烈。看到古典红色的录取通知书，回顾十二年的求学之路，这样一次难得的人生蜕变，实在需要我去思考很多。在一个静静的午后，泡一杯清茶，把这些思考倾泻出来。

 ## 学习的一些心得

其实学习对于我们这些走过十二年的寒窗学子来说并不陌生，但是怎么学却是有不同看法。对我而言，其实孔老夫子的名言就是秘诀。

子曰：温故而知新，可以为师矣。这句话其实就说了学习中很重要的一点——复习的重要性。人不是天才，都会有遗忘，但为什么有的人记得牢？关键就是复习。尤其是对于高考这样一个记忆很重要的考试，公式、概念、单词、方法，都需要你去花时间记忆。人有遗忘规律，所以我们需要根据自己的遗忘规律去复习。很多时候，复习的次数越多，之后复习就会越轻松。关于记忆，其实很重要的一点就是自我掌握，为什么很多题自己的解法记得尤为清楚？很多公式在亲自推过一遍后，印象更加深刻，理解也更为透彻？这就提醒我们，纸上得来终觉浅，绝知此事要躬行。每一个细微的地方都需要自己用心去掌握，这样才可以记得牢。

子曰：学而不思则罔，思而不学则殆。这讲的是学与思的关系。所谓学，就是你需要去多见识一些新的东西、新的知识、新的解法。所谓思，就是你需要去探究这些学到东西的因果，以及这些东西的延伸，正所谓知其然，更要知其所以然。其实很多时候思要比学更为重要。在我们身边有很多的同学一天到晚都在做题，但成绩总是不见起色，但是也有的同学每天就学那么几个小时，成绩却非常不错。很多人说是天赋的原因。其实不然，关键是你是否掌握了学与思的关系。如果不能将二者合二为一，最后的结果只能是事倍功半。

子曰：随心所欲不逾矩。这句话的意思解读很多，在我看来这是启发我们要根据自己的实际情况，摸索学习方法，制定学习策略。这也是我非常重视的一点——自我学习。无论是竞赛还是平时高考课程的学习过程，自我学习可以说是其中最为关键的一点。因为只有你自己才可以知道哪些东西你是会的，哪些东西你是不会的，也只有你自己才可以掌握自己的学习规律和学习方法，只有你自己才会全力去完善自己的学习。老师会有一个大的学习计划，他所要做的是在大基础上保证全班同学的正常学习，而在很多细微的地方，老师可能不会关注到，或者在高中一个快节奏、高频率的学习过程中，你很有可能会掉队。这个时候就需要你去自我学习，所谓自我学习的第一步便是对自己的学习情况有一个明确的认识，知道哪些是自己的强项，哪些是自己的弱项。第二步，便是有针对性地制订学习计划，在这个过程中你可以找老师或者学长，询问他们的意见，让他们来帮助你合理地安排你自己的学习计划和学习进度。

有计划地学习也是学习过程中很重要的一点，凡事预则立，不预则废。如果你不能清楚、明确地去计划自己的学习，最终的结果很有可能是被外界所干扰。

孔子的很多话经过数千年的积淀，确实值得我们深思。这几句话也是我的一些心得与感悟，希望学弟学妹们可以总结出自己的一些看法。

🌼 如何处理生活中的问题

首先谈谈如何对待课内学习和课外活动。我的观点是积极参加，但并不是放弃一切。因为高中三年正是你一生中最美好的三年，如果你只是把自己关在学习的笼子里，见识狭隘还是小事，关键是你会因此错过很多美好和值得回忆的事，从而留下遗憾。在高中三年的学习过程中，参加课外活动是我的一大爱好，无论是语文节、艺术节还是科技节、运动会，都会有我的身影出现。通过参加这些课外活动，既锻炼了我的各方面的能力，也给我紧张的学习生活带来了一些放松。之所以说不应该在课外活动中投入大量精力，理由其实也很简单，那就是学生本身的任务就是学习，只有你把学习搞好，才是你花时间在课外活动上的基础。

其次谈谈如何对待压力和挫折。压力几乎是每个同学都要去面对的一个问题，很显然，十二年的寒窗苦读，只为一朝的金榜题名。如果没有压力，那肯定是撒谎，关键在于你如何去应对这些压力。其实我很欣赏的一句话就是"不为彼岸，只为海"。十几年的读书，考上一个好大学，有一个好工作，确实是每个人的想法，但是如果你把这些当作是你人生的全部，或者说是你学习的全部，那就未免有点因小失大了。确实功利的想法每个人都有，如果说竞赛没有保送，我想，那么参加竞赛的人数肯定会减少很多。但是关键在于你在这个过程中得到了什么，学习到了什么。结果是你的追求，但一个美好的过程其实才是我们的享受。只有你把心态摆正，才可以乐观自信地去面对学习生活中的压力。如果你的压力很大，我有一些方法可以供你参考。散步是一个很好的调控压力的方式，和自己的好友或者父母走一走，把自己内心的一些压力倾诉出来，这样可以更好地面对压力。还有就是拥有自己的一个爱好，学习之余用自己的爱好来缓解自己的压力。有的同学喜欢写作，有的同学喜欢音乐。不妨放松自己的精神，静静地去享受自己的爱好，任他有再多的压力都抛到脑后。我很喜欢作诗，尤其是古体诗，每当我遇到一些事情，我都会把这些东西写出来，再看一遍的时候，就会觉得其实也不过如此，压力也就随之消失了。

还有就是挫折，学习中肯定会有挫折，我们应该正确认识挫折。胜败乃兵家常事，更何况有挫折就相当于指出了你的不足，这样也就可以更好地去帮助你改善不足、战胜困难。你现在是否还会为你小学的某次考试失败而忧心不已呢？肯定不会。过去的就让它过去吧，关键是从中吸取教训，总结经验，从而去迎接新的开始。

最后谈谈如何去面对爱情。高中的学生，都是十五六岁的年纪，正是风华正茂，情窦初开，对于异性的好奇感和好感也会比以前更加强烈。我们不是古板教条地加以限制，而是正确去面对。有时候，我们说早恋。何谓早恋，自然造物本就如此，非要人为地加上早或不早未免有点太过好笑了。只是我们需要认识的有两点。一是谈恋爱会花费你很多的时间和精力，从而影响你的学习，这也是为什么老师和家长千方百计地防止早恋的原因。二是高中的爱情，由于大家对于爱情和人生都没有充分的认识，很多时候就像昙花一现，为之付出不值得。同时，我认为，如果你的精力和时间完全可以应付学习生活，或者说你们在一起有着共同的奋斗目标和追求，可以互相帮助、共同进步，那恋爱对你们而言便是助推剂，而不是绊脚石。其实人生阅历很重要，但是现在是信息时代，我们都已经有了一个完善的世界观和人生观，就算将来还会有改变，但是基础是不会改变的。而且，其实两个人在一起，应该是志同道合，并为之奋斗。

教育观念

说到一个人的人生发展和成长，其实有一个远大的志向是十分重要的。周恩来小的时候就曾经说过：为中华之崛起而读书。一个人如果想要发展，就应该对自己的人生有一个明确的规划和认识，只有这样，你才不会在人生的道路上迷失，不会懈怠，不会灰心，而是目标坚定地前进。正如汪国真的诗中说的：既然选择了远方，便只顾风雨兼程。一个人的一生应该怎样度过，当他回首往事的时候，不会因为碌碌无为而羞愧，也不会因为虚度年华而悔恨。试想一下，人的一生就这么一辈子，不过得精彩一点，那不是有点太对不起自己的生命了。无论外界如何，你都必须永远去坚持自己当初最纯真的梦想，并为之奋斗，永不放弃。

还有就是自立责任意识的培养。确实现在是独生子女的时代，孩子都是家里的宠儿，很多事情父母都会一手包办。其实这样是很不好的，自立意识和责任意识应该从小培养。只有一个人自立自强，并勇于承担自己的责任，当他遇到困难的时候，合理有效地去解决问题，才会成为他的一种能力。更何况，让孩子做一些家务，对于孩子的成长也是很有帮助的。

这些东西，也仅仅是我个人的一些看法，希望能给各位学弟学妹一些启发。我期待着在燕园见到各位学弟学妹。我希望把我母校的校训送给各位：志存高远，脚踏实地。

把学生当作一种职业

 参加各方面的活动与管理班级事务同样重要，如果处理得当，这些活动与事务不仅不会耽误学习，反而会对学习起到推进作用。更重要的是，在学校中我们收获的不仅应是知识，还应该是为人处世的道理，而这些活动就可以帮助我们。

姓　　名：官颖

录取院系：经济学院

毕业中学：山东省乳山市第一中学

获奖情况：2010 年全国中学生英语能力竞赛 高二年级组二等奖

2011 年全国中学生生物学奥林匹克竞赛 山东省赛区高中组一等奖

第二十八届全国中学生物理竞赛 国家三等奖

2012 年山东省优秀学生

在我看来，学生也是一种职业，相当于高成本企业的老板，投入了最为宝贵的时光，收获的是更为宝贵的知识；家长、老师和同学在某种程度上都是我们的员工，为我们创造各种方面的"收入"，譬如做人的道理、学术的知识。企业老板的成本与利润可以用金钱衡量，赚与赔，清清楚楚；可作为学生，我们的得失只有自己清楚。

我相信这句话："别人夺不走的，只有吃进肚子里的饭和学到脑中的知识。"回顾十二年的"职业"生涯，我做到了不后悔。其实，我并非不好玩，可我做不到在自己未曾"赢利"的时候便无所顾忌地玩；我并非是一个完美主义者，可我希望自己做了，便把它做好；我也并非课后用功的人，因为我将一切问题都在课堂上解决好；我毫不喜欢与人争强，只求对自己无愧。我认为，把自己该做的事情做好，是理所应当。而作为一个学生，我们自当做好学习这件事，就像一个老板应当经营好公司，一个士兵应当奋勇杀敌，这都是毫无疑问的。

以前，当别人问起我有什么好的学习方法，怎样才能把他们头疼的科目学好时，我总认为自己无法为别人分忧。因为觉得自己也没有什么具体的特别的方法，只是脚踏实地，把该做的做好，该学的学好，而这些道理谁都明白。现在看来，我的"秘诀"主要是两个词：自制、心态。

"制"人者有力，自"制"者强

我的自制已经成为习惯，而并非有意强迫自己，更不是只有在监管下才表现出来。从小，我就不是那种控制不住要把糖都吃掉的孩子。说起来，这得感谢我的父母。我的父母一直对我实施宽松政策，学习上并不多问，并不会监督我写作业，更不会逼迫我上辅导班。从我一年级的暑假开始，母亲根据我的兴趣送我去学画画。一个八九岁的孩子，却要在画室里一坐几个小时，我做到了；尽管孩子的本性使我不愿起早，不喜拘束，可我一直坚持了七年。也许就是从那个暑假，我学会了自制。

我的大事，多是由我自己决定，包括是否继续画画等兴趣学习，文理分科，高考志愿选择。父母扮演的角色，就像老板身边的顾问。在我学画画的疲劳期，我实在疲于拿起画笔，便向母亲抱怨。母亲并未生气，只是让我自己决定，是否要放弃。当听到"放弃"这个词，我开始明白自己最近过于放纵自己，我的自制力提醒自己，要坚持下去。于是我继续了，拿起画笔在纸上涂抹着美好。

辞典上对"自制"的解释是"克制自己"。俄国的陀思妥耶夫斯基说"如若你想征服全世界,你就得征服自己",而征服自己,自制力必不可少。在晚上、假期中,作业一定是我先计划好的事,我从来不会因为缺乏自制,把时间都用来玩而在最后时刻草草完成作业。在课堂上,我一定会控制自己集中精神,尽管在繁重的学业下,困倦、走神是难免的事,但我会尽量珍惜课堂上的每一分。这样,我在课后便可以轻松地完成作业,然后看看新闻、看看电影和电视剧。我清楚,课上一分的懈怠意味着我要用更多用来休息的时间弥补。

自制没有让我比同学更累,反而让我学得轻松,学得愉快。课堂上和完成作业时的自制让我有更多的时间发展自己的兴趣爱好,我不曾参加任何的补习班,不曾比别人多做许多题;我可以将周末四分之三的时间用来画画、学小提琴、参加学校的铜管乐队;我可以利用周末和假期写小说;我可以在高中时,晚上回去看看新闻便睡觉。学新知识并非我的负担,而是我的习惯、我的乐趣。

我不赞成苦学,可我更不赞成依仗自己的聪明而偷懒。如果学校就是职场,哪个上司会喜欢耍小聪明的人呢?哪个偷懒的老板能有持久的竞争力呢?可是现在部分同学却以设法偷懒为荣,以放纵自己为傲,以自制自持为耻,以勤学苦读为耻,这实在是不该。

在我的学生职业生涯中,自制给了我太多的好处,助我"赢利"。无论是学习、生活,还是与人相处,我都因自制而获益。相信在以后的学习工作中,自制都会助我"创收"。

❋ 成功是一种心态

我不敢妄言成功,只是就自己小小的成绩谈一下心态的重要性。

或许是读古书古诗的缘故吧,我也曾天真地想过长大后要隐居,与世无争,逍遥自在。虽说现在打消了这个念头,可我仍不喜欢与人争胜，不愿事事要强；一直不骄不躁，崇尚"淡定"，力求做到"不以物喜，不以己悲"。

尽管"不想当将军的士兵不是好士兵"，可若目的性太过强烈，便产生了"目的颤抖"。《庄子》中一个赌徒，拿瓦砾赌博便逢赌必赢，拿黄金赌博却输得一塌糊涂。作为学生，想考入理想的大学当然是好事，但我们大可不必计较每一次考试的成绩，认真分析原因即可。

我并不强求自己做到最好，因为我相信只要自己认真对待学习，结果不会差。在我看来，超越自己比超越对手更重要，自己满意才是最好的结果。对待考试，包括高考，我都是认真对待而不提前过分要求成绩。平常考试之前，我不会紧张焦虑，而是像日常的学习一样，按部就班。我认为考试前的过于自信和过于紧张都不利于我们水平的正常发挥，只有忘记考试、忘记成绩，我们才能得到让自己满意的结果。

高考也是如此。当我进入考场后，完全忘记了自己是坐在高考的考场，参加的是一场如此重要的考试。答题过程中一定要完全集中精力，若是一直默念"我要考出好成绩"，那结果会是事与愿违的。当我们把精力放在对成绩的要求上，自然会影响对题目的认真程度，考得差也就不出乎意料了。如果把学生看作一种职业，高考便只是一个普通的检测，考得好有机会升职，考得不好也不意味着失去了晋升的机会，关键看我们自己的心态。

科学家曾做过一个测试，发现低等题目的成功率高峰出现在目的性较强的时期，而对于高等题目，我们的目的性越强却越不容易完成。也就是说，我们在完成题目的时候，对于简单题目，我们要抱着做对的信心；而对于难题，我们中的大多数要抱着"认真做，能得一分是一分"的心态，如果过于强求，反而不易让自己的灵感闪现。

我认为考后的心态同样重要，这会影响接下来很长一段时间的学习效果。我并不会因哪个科目的成绩有谁超过了我而沮丧，也不会因为某一次总成绩有谁高于我而懊恼。我的父母并不要求我一定要考第一，我

也没有给自己一定要考第一名的巨大压力，我只是认真地做，即使考得不十分理想，我也不会伤心。我坚信只要回顾考试，自己没有遗憾，这次考试便是成功的。

然而我想平时的学习与考试不同。在平时，我一向是有目的、有针对性地学习，对于自己不太明白的知识点抱着一定学会的信心，当老师讲到的时候打起十二分的精神；而对于自己已然烂熟于心的知识便放在次要位置，稍稍略过。只有在平时的学习中有这样的心态，才能保证自己考试的时候不慌不忙；而只有考试时不慌不忙，才能检测出自己究竟哪里有缺陷，便于平时有针对性地学习。这二者是相辅相成的。

一位伟人说："要么你去驾驭生命，要么是生命驾驭你。你的心态决定谁是坐骑，谁是骑师。"这句话用在平日的学习上同样适用。心态决定命运，心态决定成功，心态决定我们在这个学生的职业中能否收获良多。

❀ 细节同样决定成败

当然，除了自制和心态作为我的"左膀右臂"，还有一些细节同样让我获益匪浅，成为我"工作"上强有力的推进器。

首要的当属读书。都说"开卷有益"，这句俗语虽然已经上了年纪，但绝对不会过时。广泛的阅读不仅对语文有帮助，对于其他每一个课目都是有益的。譬如，数理化上需要的理解力，英语上需要的语感，史地政上需要的开阔思维与理解力，这些都是可以通过阅读培养的。我在读书的时候，除了理解情感大意，还会有意识地记一些词句。虽说读完一段时间后我可能感觉自己已经忘记了，但其实书中的内容早已转化为自己的东西，不知不觉中，我就受到了影响。从小的方面来说，我的写作得到了提高；从大的方面来说，"腹有诗书气自华"，我相信广泛的阅读可以提高我的素养，对我的一生也是有好处的。

参加各方面的活动与管理班级事务同样重要，如果处理得当，这些活动与事务不仅不会耽误学习，反而会对学习起到推进作用。更重要的是，在学校中我们收获的不仅应是知识，还应该是为人处世的道理，而这些活动就可以帮助我们。从初中开始我便担任班长，数年管理班级的经历的确让我收获良多。我在课间和课后处理各种班级事务，利用别人在休息的时间办黑板报、参加运动会及运动会开幕式的表演、参加学校的文艺活动。虽然有时显得忙一些，自己也会感觉烦躁，但现在看来自己确实从中得到许多：提高了能力，开阔了视野，充实了生活。或许是完成各种任务后有一种兴奋和喜悦，因此在学习时也有了愉快的心情，我的成绩并未受到影响。

　　当然，处理好与同学之间的关系也给我很大的帮助。我的性格比较沉稳随和，因此我不容易与同学闹矛盾。在遇事的时候，我注意适度忍耐，但一味的忍耐是不能解决问题的，而要与他人进行良好的交流。这种融洽的关系同样让我有了愉悦的心情，让我能够以一个平和轻松的心态去进行学习和各种活动。在我看来，同学间的友谊是最宝贵、不掺任何杂质的友谊，这恐怕是学校与职场很大的不同。在假期里，不妨适当参加一些朋友间的聚会，这不仅会增进彼此之间的友谊，也会给自己放松心情，让自己以饱满的精神迎接开学后的忙碌生活。当然，交到益友是一个重要的前提。我喜欢与任何人和谐平等相处，但深交的却一定是值得做朋友的人。我们已经形成了是非观，千万不能让损友将它扭曲，否则，我们可能有了一时的快乐，却留下一辈子的遗憾。

　　与老师之间关系融洽同样让我受益。我明白所有老师都是为了学生着想，因此尽管我有时也会调侃，但却非常尊重每一个老师。老师们都很负责任，但实在是无法照顾到每一个学生，因此我们的自觉很重要。遇到不懂的知识，我会主动和老师交流，而不是被动地等待。这不仅会给老师留下好的印象，有助于处理好与老师之间的关系，更对自己的学习有很大的帮助。

在学习之余，我喜欢每晚看看新闻。视野的开阔让我们能够有一个宽广的胸襟气度，无论是在学习上还是以后的工作上，都会有所帮助。一味埋头学习，不理会生活中发生的事，可能会成为一个成绩好的学生，却不能成为真正优秀的学生。"风声雨声读书声声声入耳，家事国事天下事事事关心"，这样的学生从古至今都是具备强大竞争力的。但看电视、玩电脑是需要适度的，不能废寝忘食，把握好度，休闲娱乐才能是有益的。

有些同学可能会抱怨，如今的学习制度扼杀了自己的才华，自己不擅长学习而擅长其他方面，因此就彻底放弃了学习，期待着像某些个别的成功人士那样在其他领域取得辉煌。可我认为，既然做一个学生是我们无法避免的过程，那我们就有义务把它做好，就像即使你想要跳槽，也应该把现在这份工作做好，坚守好岗位。而且哪一个老板不喜欢在原来的岗位上业绩优秀的员工呢？以一个优秀员工的身份跳槽到别的领域，总比原来业绩糟糕的好。

把学生当作一种职业，做好现在该做的事。其他职业会有金钱上的收益，我们得到的是最宝贵的做人道理和学问上的知识，我们绝对不能荒废了时间而一无所获啊。

"E 学生"成长之路

> 我的论文绝对原创。我总是很重视这项活动。别的同学基本都忙着写重复性的暑假作业，论文多半是从网上搜点材料一抄了事；我则会腾出将近十天的时间用在做自己的研究上，而暑假作业的题我早就做得滚瓜烂熟了。

姓　　名：杨凌波
录取院系：元培学院
毕业中学：陕西省西北工业大学附属中学
获奖情况：第 28 届全国中学生物理竞赛决赛二等奖

"E 学生"这个概念，源自凌志军先生所著《成长比成功更重要》。书里讲述了包括李开复、张亚勤在内的 30 名"微软小子"的成才之路，并提到了这样一个名词。"E"代表优秀学生所具有的三个品质：Enjoy（享受）、EQ（情商）、Excellence（卓越）。我不敢说自己将来一定会成为这样的卓越人才，但我希望自己能够成为。

学弟学妹们，你们一定也有这样的愿望，并且在为之努力吧。但你们有些人遇到了困难，止步不前；有些人遭受了挫折，一蹶不振；还有些人面对着师长的殷切期望，正背负着巨大的压力；抑或面临人生的重大抉择，彷徨犹豫，踯躅不前……这样，自然会对那些"成功者"的学习经验甘之若饴，奉若圭臬。但当真正听过几次报告、读过几本经验谈

后，大家可能会觉得：那些高考状元、竞赛大牛们都是"稀有动物"。他们的成功，你们很难复制；他们所介绍的学习经验，尤其是被老师奉为金科玉律的那几条，在大家看来，也不过是些老生常谈。

其实，他们何尝不想与大家分享他们的喜怒哀乐。只是，走向成功的路毕竟殊途同归。如果只是简单地总结一下"成功经验"的话，寥寥数语便足以将其概括。对于我们普通人来说，只有成长的经历，才是最鲜活、最值得珍惜和回味的东西。也只有结合了个人成长经历总结出的经验，才有血有肉，足以唤起我们的认同感，又岂是几句干巴巴的经验概括可以了然的。

我这篇文字，不是实用至上主义，只想和大家分享一下自己的成长经历，以及我的收获和感悟。不敢奢望谁会因为读了这篇文字，就能轻而易举地考上北大、清华。但是如果有人能从我的成长经历中，寻找到自己的影子，而发出会心一笑时，我就很满足、很开心了。

就从我的启蒙教育说起吧。

❋ 启蒙教育，从零开始

我爸爸毕业于人民大学，是一个思想开明，善于教育孩子的人。我两岁左右的时候，就在他的引导下开始识字——他的说法是"一切文化的启蒙始于识字"。

爸爸从来没给过我什么硬性任务，只是经常带我到附近的街区或公园走一走。当我指着街边的广告牌、店铺招牌、公交站牌上不认识的字要爸爸"念念念"时，他便告诉我这个字怎么读，是什么意思，字形有什么特点等，并记到小本上，回家后再对着本子检查我记得几个，并给以相应的奖励——可以是一件小东西、拍拍小脸蛋儿或者是抱起来旋转几圈等——这就是我们父子的"快乐学习法"。最初，我每天只能记住七八个字，等积累到一定量以后，就可以记住几十个字了。这样坚持了一年左右，三岁的时候，我就已经能够自己阅读简单的书报了。在一般的小孩还缠着大人讲故事的时候，我早就开始了探究式的自主阅读。这不仅使我养成了阅读的习惯，还培养了我自主学习的能力。就连让很多小学生和家长感到困难的组词、造句、写作文等，在我这里都是水到渠成，丝毫不成问题。因为一般孩子刚学会"念经式"阅读的时候，我已经是"学富五车"的"小学究"，早已习惯了和老师们（从爸爸开始）平等地互动了。

在我快五岁时，爸爸买回了全套的小学数学课本，抽出时间手把手教我，陪着我"同学同练"——这是爸爸形象化的说法，形容一种轻松的、设问求解式的聊天互动教学模式。不久，妈妈买菜时算账的活就交给我了，每次我都能将菜钱算得一分不差，令摊主和周围的大人们大为惊讶。由于有了近三年的"文化储备"，加上我们父子间早已建立起的高效教学模式——基本上是"君子动口不动手"式的精讲精练，捎带地还锻炼了我超强的心算能力——这样，经过了四五个月，我们快乐地完成了我的数学启蒙训练。应该说，我小时候对数字的兴趣还是蛮浓的，总是缠着爸爸问一些奇怪的问题，爸爸有时候都不容易回答。这大概是爸爸对我进行这次数学启蒙的动机之一吧。不过爸爸倒是另有说法，说主要是根据早期教育的理论，通过这种方式对我进行"关键期"的逻辑思维开发云云。不管怎么说，效果还真是不错。经过这次"特训"，我不仅在整个小学阶段轻松地保持了数学成绩的领先，就连让一般孩子备受煎熬的"奥数"课程，也是在爸爸一个暑假的"二期集训"领进门后，通过自学完成的，并且成绩超级棒——我正是藉此跨入了我们这所全市第一、全国闻名的王牌中学。

我的这种"私塾式"启蒙教育，其优点是不言自明的。由于是"纯手工版"的精英教育，可以最大程度地因材施教，在帮助孩子建立起高标准的知识架构的同时，还可以培养孩子良好的学习方法和求知素养。但是，缺点也是显而易见的。它会让孩子在一定时期和相当程度上，难

以适应我国目前的学校教育模式。这不，我就是因为在小学课堂上的"无所事事"，在"被跳级"了一次之后，还经受了很长时期的"游离状态"。幸好，我有一个"负责到底"的老爸，帮我跟学校做了大量的"沟通协调"，才使得学校特别开恩，允许我课堂上可以看课外书，不必上每天课后的"延点班"，以及节假日的各种"奥数"、"奥语"、特长班，并且根据自己情况，不必做大量重复性的课外作业。尽管如此，还是难以完全填充我的大量无聊时间。为此，四、五年级时，爸爸又带我进行了一段为期四个月左右的"初中物理集训"，以稍许满足我那"十万个为什么"似的求知欲。虽然在两年多以后我开始正式学习初中物理时，小学的那点"老家底"已经遗失殆尽，可是当时建立起来的整体物理观念和思维方法，却发挥了越来越强劲的功效。这大概就是人们常说的"童子功"吧。

❀ 自主学习，自我享受

升入初中以后，虽然我的学习成绩还是不错的，可有些老师总是对我不大满意。他们常常会说：你很聪明，就是不够用功；你看看人家××，如果你能有他一半的努力，绝对能当年级第一。

但我一点也不认同这样的同学。他们能把一本厚厚的中考习题集从头扫到尾，但见到难度稍高的"星号题"马上就跳过，还美其名曰"紧扣考纲，打牢基础"；每天体育课不上，课间操不做，政治课背英语，历史课看数学，到了考试前夕才疯狂地抄政史笔记；老师讲韦达定理，忘了讲两根之和应带负号，他们也毫无置疑，做作业照搬不误……

虽然我也会努力让自己保持优秀，但绝不会为了争第一，而去做大量的简单重复训练，牺牲了宝贵的自主学习和思考时间。老师讲的内容，我一定要自己审慎思考通过，才会收入囊中。正所谓"知其然，还要知其所以然"。有一次我遇到一个问题，怎么想都不合理，我就问了班里几个学习好的学生，是不是老师讲错了。可他们不是冲我翻白眼，就是懒得理我。我回到家又钻研了很久，最终发现确实是自己的想法太偏颇了。尽管如此，明白了自己为什么会想偏，我还是很高兴的。

　　抱着一股不迷信权威，坚持独立思考的精神，我自然成了个别老师眼中的"问题学生"。有一次公开课，老师给我们讲中考作文的立意技巧。记得当时讲了这么一个例子，一群信徒去远方的教堂膜拜，每人扛着一个木制的十字架，有一个信徒嫌累，就把十字架底端锯掉了一截，后来遇到一条河，别人都用十字架搭桥就走过去了，只有这个信徒拿着锯掉半截的十字架站在河边发呆。老师问我们得到了什么启示。同学发言很踊跃，但说的无非都是投机取巧不对，要脚踏实地等。我突然"扑哧"一声笑了出来，老师很生气地问："你笑什么啊！你倒是说说？"我问老师："这个人怎么不锯短的那一截呢？"老师一时语塞，摆摆手让我坐下了。打这以后，上课发言就再没我什么事儿了，任我把手举得再高，老师只当看不见。此后相当一段时间，语文课上每当老师开始课堂提问，我就埋下头，开始看课外书。老师还是比较开明的，只要我不影响课堂秩序，他倒也不会苛责我。就这样，"因祸得福"，我在语文课上看了不少的课外书，也算是"功夫在诗外"了。直到初三面临升学考试的压力时，我才有所收敛。今天看来，当年的我是有点幼稚的偏执，但这就是我真实的过往。

　　我喜欢钻研问题，喜欢搞点"小创造"，我们同学发现了这点以后，每学期的《研究性学习实践报告》就顺理成章地由我执笔了。我写完了，缀上组里其他五个人的名字，他们几个就可以高枕无忧了。不过按照规矩，开学以后，他们每人需要给我买一个肉夹馍，作为我为他们代笔的酬劳——这是初一时的事，后来涨到两个肉夹馍了。我家那时还没给电脑联网，我完全是凭着从课外书里得到的知识，作为研究论文的素材。这恰恰是我引以为豪的一点：我的论文绝对原创。我总是很重视这项活动。别的同学基本都忙着写重复性的暑假作业，论文多半是从网上

搜点材料一抄了事；我则会腾出将近十天的时间用在做自己的研究上，而暑假作业的题我早就做得滚瓜烂熟了。

有一次全校统一规定了研究课题，要求以个人为单位提交研究论文。课题是：用一张正方形铁皮做出一个容积尽可能大的无盖长方体盒子。其他的同学大多是这样做的：在铁皮四角裁掉四块小正方形，对应裁下小正方形的不同边长，一一计算出折成铁盒的容积。作图比较后发现，当裁掉的小正方形边长为原铁皮边长的 1/6 时，折成的盒子容积最大。只有我采用了另外一种方法：在铁皮的同侧两个角裁去两块正方形小铁皮，令其边长为原正方形边长的 1/4，并将其并列焊接在另一侧铁皮的中部，结果得到的铁盒的容积比前述方案多了将近 27%。凭借着这一独特的思路，我获得了那次论文评比的全校一等奖。

❋ 初涉竞赛，自信受挫

我第一次接触"竞赛"这个概念，是在我初三的时候。当时学校准备办一个物理竞赛班，我通过校内的选拔考试，以全年级第四的成绩入选。这个班开课时已经是 3 月末，离中考不到 3 个月了。

我本来不想因为竞赛占用过多中考复习的时间。但开课第一天，我就感到了竞赛课相比学校的普通课程而言有更高的要求。那时我虽然还不清楚我将来会在竞赛方面能走多远，但我隐隐有种预感，这才是我真正值得全身心投入的一门课程。所以在保证普通功课学习的情况下，我尽自己的努力听好每一节竞赛课。中考很快过去了，当别的同学正兴高采烈地讨论着暑假的出行计划时，我已经投入了紧张的物理竞赛课程学习中。

进入高中后，我一口气报了数、理、化三个竞赛班。可在我们这所全国著名的"超级高中"里，毕竟强手如林，我本来学习就不怎么较真，再加上竞赛课分散了我太多的注意力，真是立竿见影，学习成绩马上一落千丈。倒霉的孩子，第一次期末考试，我只考了全年级 100 多名，连班级前十都没进。客观来讲，我的考试成绩并不算很差。用我们老师的话说，年级前 150 名的同学，都有机会考全省状元。但在当时，这对于初中还经常进年级前十的我来说，无疑是巨大的打击。我决定克制一下自己率性自由的习惯，学习比以前努力了很多，连课间也不怎么休息。可到了下一次期中考试，我的成绩依旧"差强人意"，只勉强挤进了 100 名，同时物理竞赛的测试成绩反而也下降了。

当我第一次感受到那种巨大的心理落差时，开始产生动摇的念头：我是否需要放弃竞赛，将精力投入高考上呢？……犹豫了许久，我也没能作出决定。这时我遇到了一位可信赖的学长，我和他说了自己的焦虑。

学长没有急着回答，而是问我："你真的喜欢竞赛，而不是仅仅为了保送？"——我点点头。

"如果不搞竞赛，你能赶上别人，和他们学得一样好吗？"我有点心虚，毕竟自己高一时还是有点"心有旁骛"，落下了不少功课，而高中的学习这么紧张，就是想弥补以前的疏失，似乎也没有十足的把握。——犹豫了一下，我还是点点头。

"如果没有加分，你有信心和他们裸分拼高考吗？"——我有点语塞，不知该说什么。

"没有，是吧？"——我点点头。

"那就不要轻易放弃你的理想！"

学长说完就走了。我愣在原地没动，不过我已经坚定了信念，要把竞赛继续进行下去。我仔细想了一下，就算放弃竞赛，我的高考水平也只能是挤到第一方阵的群里，并无必胜的绝杀技，所以竞赛是一定要走下去的。可我的竞赛水平，究竟在同年级的参赛选手中能达到怎样的水平，我心里其实也并没有底。暑假一过，物理竞赛就要开始了，我决定利用这次机会，初步检验一下自己的实力。我从老师那里拿到了几套往

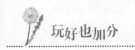

年的复赛题，自己做了一遍。在对自己的能力有了基本的了解之后，我定下了争取省级二等奖的目标。须知，以我当时高一的"资历"，要和比我高一年级的"大牛"们同场竞争，这个标准也不能算低了。

❋ 重拾信心，全力以赴

考试很快到来了，奇怪的是我没有任何紧张的感觉。从进入考场的第一刻开始，我就完全进入了考试状态。3 个小时很快过去了，我完成了 9 道题中的 7 道。同时，对自己的分数已经有了一个大致的估计。说实话，对自己的发挥我已经相当满意了。但这 7 道题能让我取得什么样的成绩，心里还是没底。

几天后答案就下来了。我估了一下分——82 分。这个成绩比我预想的要好，但我还是去找老师，想问一下自己能不能拿二等奖。当我走进物理办公室时，竞赛班的一个同学也在那里。老师问我能考多少分，我就照实说了。老师变得激动起来，不敢相信地问我："你真的能考这么高？"——我倒有点儿懵了……

真是喜出望外！我不仅拿到了省级二等奖，还成为进入实验考核阶段的 6 个"新高二"学生之一——用老师的话说，已经算是我们省的"种子选手"了。我于是相信，自己确乎是有点物理竞赛的能力了。虽然我其他两门竞赛的成绩也不错，紧接着的化学竞赛也同样获得了省级二等奖，我还是果断地放弃了数学和化学两门竞赛的学习，开始全力以赴钻研物理竞赛。

俗话说，盛极必衰。寒假过后，我迎来了自己的第二个低谷。我的期考成绩持续低迷，再加上每天还要抽出时间做物理竞赛题，基本上每天都要到晚上 12 点以后才睡，结果发展成了轻度失眠。白天总是昏昏沉沉，听课效率也下降了不少。我明知道自己极需要睡眠，可就算每天强迫自己 11 点躺在床上，也迟迟无法入睡。好不容易产生了一点倦意，往往会被高考失利之类的噩梦惊醒。眼看已经接近 5 月，再过 4 个月，就要迎来自己的决战了。可我在竞赛班的成绩也只能勉强挤进前十，保送的希望似乎越来越渺茫。有一次下课后，爸爸去问老师，我可能拿到怎样的成绩。老师叹了口气，"这孩子很聪明，还是不够用功。按他现在的情况，再努力一把的话，拿个省级一等奖还是有希望的吧。"

回家的路上，我一直低头不语。回到家后，我和爸爸进行了可能是最沉重的一次谈话。

"老师说的，你都听见了？"爸爸缓缓问我。

我无言以对。其实我何尝不用功，我是太累了啊！可这种辛酸，似乎也只能憋在心里，根本不忍心说出口……我点点头。

"儿子，跟爸说实话，你累吗？"爸爸问我。我愣了一下，摇摇头，又点点头。

"老师的话你也听见了，你现在的情况不容乐观。很有可能只得到一点自主招生加分，还要和同学们一起拼高考。儿子，你可要做好竞赛失利的准备……尽管现在的成绩不够理想，再努力一把，爸爸相信，你还是能考上一所好大学的。"爸爸分析着……"可马上就要期末考试了，最近你还是暂缓一下竞赛练习，好好准备一下吧，争取考个好成绩。当然，爸爸也想听听你的意见。"

我沉默了许久，决然地说："我拼了！"

"什么？"爸爸显然被我的表情"吓"到了。

"我想通了。"我至今仍惊异于自己当时的沉静刚毅，"如果现在我选择高考复习，那我就彻底失去了竞赛保送的机会，只能和大家拼高考了。我准备暂时放弃高考复习，集中全力好好拼一把竞赛，争取直接保送！"

"儿子，你可不能一时冲动，偏执一端。总得给自己留点后路吧！"

"我不想留后路，只想证明一下自己！"我也有点激动了，"老师说我顶多是省一，我一定要冲进省队，参加决赛，证明一下自己！两年来

我一直都坚持着竞赛训练，一节课也没缺过，都要决战了，此时不搏更待何时！我只想尽力冲一把，这样即使失败了，也不会感到遗憾。"

爸爸沉默了好久，"儿子，既然你有这个决心就加油干吧！爸爸支持你，也相信你会成功。但我不希望你这样做，只是为了和老师赌气。老师说的也是事实。可你毕竟还有 3 个多月的时间，只要尽全力，还会有很大的上升空间。让老师看到不一样的你，这才是应该做的！"

❈ 战胜自我，功到竟成

2011 年 9 月 24 日，第 28 届全国中学生物理竞赛陕西省复赛。

这次考试，将选拔若干名优胜者进入陕西省集训队，代表全省中学生参加全国决赛。决赛成绩优胜者可以直接保送上名牌大学。没通过复赛的学生，竞赛生涯到此终结，迎接他们的，将是高考的独木桥。

关键的一战，WIN OR LOSE?

3 个月挥汗如雨的魔鬼训练……我几乎做完了手边能找到的所有竞赛习题，包括 1000 多页的《物理学难题集萃》，以及前 27 届的竞赛原题。所有的竞赛题型，所有的知识要点，都被复习得条分缕析……可真正面对最后的挑战时，心中仍然没底。虽然我的实力已经有了脱胎换骨的提升，可其他人呢？毕竟谁也没闲着。

真正面对成败的巨大压力时，任何人的心态都会产生波动，我的不安与躁动尤其强烈。既希望早点考试，早点解脱；又担心自己没做好充分的准备，万一漏掉了哪个考点呢？……我嘲笑自己的怯懦，这么苦的 3 个月都捱过来了，还有什么好担心的？……可是一转眼，又失去了说这话的底气。

人的潜能往往在绝境中才能得到充分的释放……凭借最后五分钟内夺来的 15 分，我成功入围省队，并在之后的决赛中正常发挥，获得全国决赛二等奖，提前被北京大学录取。

回顾近三年竞赛之路，虽有不少值得总结的地方，但最让我得意的一点，就是自己无心插柳学的一点微积分，竟在之后的竞赛学习中，发挥了不容忽视的作用——犹如关键时刻的定海神针。较好的数学基础，使我对物理学某些概念的理解，明显比其他同学更深入。

当然也有遗憾，就是自己做题时太注重难度，有点忽略了熟练度的训练，使得我在决赛中浪费了一些时间。否则，拿个全国一等奖，也是意料中事……但无论怎样，这一段都过去了，它代表的也只是我曾经的付出和过去的辉煌。

进入北京大学这片自由的学术沃土，我将继续秉持青年人独有的自信与闯劲儿，辛勤耕耘、大胆开拓，去开创属于我们的更加辉煌的未来！

回首向来萧瑟处

> 学校有许多社团，还有许多大社团会举办大型活动。除了社团活动，还有音乐会、旧书义卖、学生百家讲坛，以及各种有意思的讲座，只要没有很重要的事，我都会去看看。作业每天都能写，但不少活动一旦错过可能就再也没有了。

姓　　名：杨鹏宇

录取院系：外国语学院

毕业中学：河南省郑州外国语学校

高三的一天，我正在教室外面游荡，班主任突然叫住我，说我的北大保送生考试通过了。我去查录取专业——西班牙语，第一志愿，顿时所有的担心化作欣喜盈余胸中。小学时懵懵懂懂弄不清楚高考保送是怎么一回事，初中时进了全市最混乱的初中，高中虽然去了全省最好的学校，但面对着极具竞争力的同学，我并不能保证自己在保送生考试中一定是年级第一。对于我来说，保送北大不是十几年来魂牵梦绕、朝思暮想的事，而是一个自然而然的过程。

乐与苦，相为倚伏者也，人知乐之为乐，而不知苦之为乐，人知乐其乐，而不知苦生于乐，则乐与苦相去能几何哉！高中的学习生活是苦中有乐的，如果三年来只是好好学习自然会取得好成绩，但这种生活不丰富，没有意思。虽说学习新知很令人愉悦，但高三一年都在复习；虽说温故而知新，但三轮复习下来任谁也是头昏脑涨。所以要学会忙里偷闲，苦中作乐，让枯燥的生活变得丰富起来。真正能既好好学习又不整天疲于奔命的人，才是最会学习、最会生活的人。

郑州外国语学校是寄宿制学校，为了校风校纪自然各种规矩多些，但也没有外界某些人说的那么恐怖。许多家长觉得孩子不满十八岁就住校了，要自己照顾自己很是为难，他们想的太多了。在学校不用自己做饭，只要及时去食堂吃饭就好，而且不用准备饭盒，不用自己洗碗，很是方便。高一、高二时，十点半熄灯，高三时，和竞赛班一起十一点熄灯，我不喜欢熬夜，因此也不觉得熄灯时间太早影响我继续学习。我和我寝室的人都性情温和，因此从来没有发生过争执。至于打扫卫生、整理床铺，这些都是小事。如此说来，住校生活是很轻松的，并非吃了黄连一般的楚楚可怜。

我在外地上学，周末不回家，自由支配的时间很多。家离学校远，来回奔波很麻烦，而且父母来了我不能静心学习，因此他们来校看望我的次数并不多，而我并不感到孤单寂寞，周末的生活比平日更有意思。高一时，学校每周五晚上在报告厅放电影，内容很丰富。后来班里装了班班通，就是黑板后面很大的屏幕，可以当作电脑用，这样每周放电影的主动权就掌握在了自己手中，虽然是在教室里，但关了灯拉上窗帘后很有电影院的气氛。两年半来，如果没有特殊情况，我每周看一部电影，很是开心。

学校里的阅览室是我除教室寝室外待的时间最长的地方，周末的时候我在这里看书、写作业。阅览室里的桌子很大，而且凡是学校里可以出现的杂志这里都有，不仅有最新的还有过去的合订。文科生写总结需要翻很多资料，而且资料全部摊开最为方便，教室的桌子太小，在这里写最是舒服。写累了翻翻杂志，我经常看的有《作品与争鸣》、《科幻世界》、《青年文摘》、《科学世界》、《中国国家地理》、《文史知识》等，如

果不是特别忙，每期都看。

高一、高二时要多读些书，阅览室里只有杂志而且不得带出，因此图书馆是个好地方。学校图书馆虽然不大，但有许多不错的书。高二上学期的时候，有一天我突然想看陀思妥耶夫斯基的《罪与罚》，课间时匆匆忙忙去借了一本，然后连着四天看完了整本书，感觉很是畅快淋漓。高中时读除了作文素材和时政之外的课外读物，看似与考试无关，但对语文作文或多或少会有些帮助。就考试来说，多读书有利于保送生考试和自主招生。校内的保送生资格考试还罢了，北大的保送生考试与课本的关系不是很大，特别是语文和历史。历史有一道题是名词解释，有的在课本上见过，有的只是有个模糊的印象，如果只专注于课本，可能有些词根本就没有听说过。我的一个同学在面试时被问到了一个问题，你对四大名著有什么看法。这道题要答得出彩很不容易，但多少能说些东西，可惜我那同学直接说："我没读过。"这回答太不像话了，没读过《红楼梦》的书起码看过《西游记》的电视剧吧，"三国"和"水浒"里面那么多有名的故事总要知道些吧，四大名著是中国人最应该知道的书，如果对四大名著毫无了解，那么对其他的书一般也了解不深。由此老师们就知道这个学生读书不多，可能是个只顾学习不顾全面发展的人。结果可想而知，我那同学的笔试分数极高可是没有通过面试。而我的西语面试很是幸运，我说我喜欢马尔克斯，于是一个老师就问知不知道最新版的《百年孤独》的译者，我说知道，范晔。当时所有老师都笑了，范老师就在我对面坐着，只是我不认识他，我给他鞠了一躬。接着我又谈了我对魔幻现实主义和社会现实主义的理解，这自然不是我独立思考的结果，老师们一听就问我是从哪里看来的，我说了书名，这是20世纪90年代的旧书了，早已停印，这样我就树立了博览群书的形象。也许是受这两件事的影响，我的面试分数很高。我没有参加过自主招生考试，但听说试题很活，考了很多课外知识。有人问应该读什么书，最好读自己喜欢的书，这样读来有乐趣。高中阶段没有整天写作业而是有时间看书的人看似很闲，但他们从书中得到的东西远远超过靠做题学会的零碎知识点。当然，也不能整天沉浸在小说中，我们没有那么多的时间。

学校有许多社团，还有许多大社团会举办大型活动。除了社团活动，还有音乐会、旧书义卖、学生百家讲坛，以及各种有意思的讲座，只要没有很重要的事，我都会去看看。作业每天都能写，但不少活动一旦错过可能就再也没有了。

忙碌中的闲适生活很容易创造，关键看知不知道如何在没有许多娱乐设施的地方，自己给自己找乐子。学校不让带笔记本，手机也属于违禁物品，而且没地儿充电，所以长时间靠电子设备娱乐容易被发现，而且确实没什么好处。每周六吃午饭的时候，如果不下雨，我总向食堂的师傅讨一个小袋子，把米饭分一半去喂鱼。学校后花园里有一个池塘，里面养了许多锦鲤，喂鱼时看着它们争先恐后地抢夺米粒特别开心。我给几条最漂亮的鱼起了名字，时间长了一眼就能认出它们。每当学校有重大活动，广场上的喷泉就开了，从水柱中间穿过去，衣服湿透了，但有一种学校里难得的刺激。藤萝结果子了，细长细长的，我和同桌摘了好多，用铁丝穿成一长串挂在寝室里当装饰品。我在教室里放了一个软垫子，上课时靠着，瞌睡了枕着，在教室的生活舒服了许多。高三了，许多发广告的混进教室发广告单，有的花花绿绿印得很精美，我们把纸裁成正方形叠了百合花插在成堆的书中。可能有人觉得我在浪费时间，实际上他们不知疲倦地写重复的作业才是真正的浪费时间。

高中和大学一样，要多经历一些东西，在繁重的学习压力下不能忘了休闲娱乐。否则将来回忆起高中生活，除了铺天盖地的卷子和堆积如山的作业，没有别的鲜亮的颜色。

回望我三年的高中生活，没有好高骛远，只有认真过好每一天的简单追求；没有贪抄捷径，只有脚踏实地、上下求索的刻苦努力；没有怨天尤人，只有下学上达、提升自我的自强不息；没有浅尝辄止，只有追本溯源、持之以恒的坚持不懈。两年半的努力外加机遇换来今天的结果，我并没有什么遗憾。北大是一个极好的平台，每个人在这里都能找到自己想要的东西，怀着最初的梦想，走向最远的地方。

追寻自己的舞台

> 实际上我的日语学习，也是在喜欢动漫之后开始的，每天大概抽出半个小时的时间，毫无压力地学完了《标准日本语》。除了《标准日本语》的听说读写，平时看动漫无意识地也会加强听力，抄歌词的过程中也记住了许多生字。

姓　　名：杨娅侨

录取院系：地球与空间科学学院

毕业中学：四川省成都市第七中学

获奖情况：第 25 届全国高中学生化学竞赛省级赛区一等奖

即将迈入燕园，进入梦想的北大，在博雅塔下解读理性精神，于未名湖畔接受诗性熏陶。回顾高中生活，有一些经验和个人感悟和学弟学妹们分享。

❀ 课外活动与个人爱好：手握平衡杆，漫步于梦想彩虹之上

由于竞赛占去了课外的大部分时间，我只参加了极少的社团活动，并在班级中担任班委。在 NEW BABLE 英语杂志社的编辑经历，让我掌握了 coredraw 的使用方法；《朝花》网络部短暂的执事工作，又让我

体会到开办新校刊的艰辛；另外还在校广播站做了一年的广播工作。

志愿者活动如果时间不冲突我都会尽量参加，每一次都收获颇丰。虽然自己还是非常不成熟，但是只要能为他人带去阳光和笑容，作为一个志愿者就非常满足了。

另外，多与优秀的同龄人接触也让我大有收获，除了在竞赛小班上欣赏同学优秀的思维素质，高中阶段我还获得了学校推荐参加北大优秀学生体验营的宝贵机会。多和他人交流，把时间用在拓宽自己的视野和改进自己的方法上要有效得多。

除了课外活动，我还有许许多多个人爱好，文学、动漫、吉他、日语、羽毛球……生命最有意义的事情，就是穷尽自己的各种可能性。每一种爱好都为自己的天空增加了一种颜色，耐心打理好自己的爱好，就是编织一道彩虹，通往梦想所在之地吧！

1. 书

如果说有伴随我 13 年不离不弃的友人，那一定就是书。爱书者，不需要细水煎茶、松花酿酒来沉淀自己的心境，从尼采笔下的市场到济慈的汉普斯特德花园也只有一纸之隔。

九歌的香草馥郁，辛弃疾的叹息，闻一多的哂笑，歌德的咏唱，尼采的悲鸣，托翁史诗般的杰作，奔马寺永不止息的轮回之歌，奥威尔的预言如同木铎警世……文学是精神的最高盛宴。

哲学是所有学科之母，就是我对哲学那点粗浅的认识，也改变了我认识世界的方式。从周国平《苏菲的世界》，再到罗素、尼采，在这个崇尚快餐阅读的时代，静心和书中徘徊了数百年的作者的灵魂交流，实为难事。那些睿智又警世、百年生动的老书怎样和纸质快餐们抗衡呢？

文化就在我们每个人的生活方式里。丢失了阅读习惯的民族，文化只能部分退化为记忆。

2. 动漫

动漫和游戏，也许是被家长、老师反对得最多的高中生课余爱好。

长篇动画动辄三四百集，每月还有各种新番，过度迷恋二次元（指动漫所在的平面世界），多少会对成绩产生影响。

我大概也算得上是一位比较资深的漫迷了吧，大概有 7 年漫龄。平衡动漫与学习，当然非常重要，我的方法就是：把对动漫的喜爱转化为对生活的热爱。

和书不同，动漫中的角色更为活跃，情节更为突出，与真人的电视剧、电影相比，动漫更能表现富有想象力的世界观和充满张力的画面。动漫中也不乏许多优秀作品：讲述主人公成长的《Eva》，塑造一代人钢铁青春的《高达系列》，铺垫梦想殿堂的长篇《海贼王》、《火影》等等，还有我个人比较喜欢的 TYPEMOON 社的作品和 MACROSS 系列。

我个人特别喜爱动漫中主人公无论身处何境永不堕落、永不服输的精神，面对困难的勇气，勇敢承担的责任心，同伴之间强烈的羁绊，温柔的同情心和包容心。这点，其实是一次班会上一位同样喜爱动漫的同学提醒了我——我发现，除了充满魅力（萌、燃）的人物、巧妙的情节、富有个性的画风，真正吸引我的东西其实还是这些宝贵的品质。

爱动漫的孩子可能会记得，《Macross F》里雪莉露穿着囚服站在废墟里歌唱的难忘画面，《空之境界》里两仪式对平凡的幸福的珍视，《家庭教师》里阿纲对同伴的在意，《银魂》里银桑对信念的坚持……这些，其实都是我在难过、失望时前进的动力。

出于对动漫的喜好，让我的梦想清单里又多了一条：成为优秀的演唱者，表现出自己喜欢的歌曲。所以我非常珍视每一次漫展上表演的机会，虽然歌唱技巧"还差得远呢"，但是我会一直努力。

另外，很多 COSER 都表示玩 COSPLAY（一般指利用服装、饰

品、道具及化妆来扮演动漫作品、游戏中的角色。玩 COSPLAY 的人则一般被称为 COSPLAYER，即 COSER）之后变得"十项全能"了。淘宝开店、化妆、单反（专业摄影）、PS 样样都会。接受自己的现实，热爱自己的生活，才是最重要的。

当然，动漫只是课余爱好，必须分清主次，把课业放在首位。

如果有大型考试，或者学习到了任务密集的阶段，我就会暂时放下动漫有关的一切。高三一年除了寒暑假和周末，几乎就没有接触动漫。

如果实在影响太大，建议放弃。自己首先要下定决心，再加上家长、老师的监督，这是可以做到的，至少可以减少动漫对自己学业的影响。

3. 日语/音乐

实际上我的日语学习，也是在喜欢动漫之后开始的，每天大概抽出半个小时的时间，毫无压力地学完了《标准日本语》。除了《标准日本语》的听说读写，平时看动漫无意识地也会加强听力，抄歌词的过程中也记住了许多生字。

语言的学习，个人认为，只要充满兴趣、循序渐进，就能收到意想不到的效果。

高二正值学业紧张的时候，我报名参加了 N2 日本语等级考试。在课间做阅读，晚饭后看语法，睡前背单词，这样把每天的空档全部塞紧，乐在其中。最后取得了不错的成绩，学业也没受多大影响，算是高中的意外收获吧。

兴趣是最好的老师这点，我深深地体会到了。

至于自己喜欢的吉他，断断续续学了很多年，升高中却由于学费太贵而大为退步，非常遗憾。

个人爱好原本就是自发性的。我个人不太愿意看到孩子被父母逼迫学这学那，开头也许逼迫是必要的，如果孩子学了一段时间还是不感兴趣或者产生厌烦心理，不如及早收手。否则，逼出来的爱好，反而会成为成长的负担。

而在高中阶段，许多同学都放弃了原本的特长或爱好。我认为，这不但对自己的生活来说是一个重大损失，而且失去了锻炼自我规划能力的机会。

放弃与否，一定要理性取舍。另外，仅有良好的规划和兴趣也是不够的，一旦开始一件事情，就要有做到尾的觉悟，善始善终。

身负责任，心怀感恩，追寻属于自己的舞台

即将要告别十六岁，进入十七岁的我，在写这篇征文时还有许多其他的感触。

"人生，对大多数人来说，就是一堆责任。"初次看到这句话，有种沉甸甸的感觉。从现在开始，我们就要逐渐把责任的重负全部承担起来，对父母、对朋友、对社会。责任有时给人带来束缚和痛苦，但逃避责任的人生，没有扎根大地的资格。

我会记得班主任的告诫："做一个好学生，好女儿/儿子，好丈夫/妻子，好人。"在即将进入北大之际，我更加清楚自己的责任。我们的人生不但属于自己，也属于社会，在享受社会提供的教育资源的同时，必须明确自己身上的使命。

道阻且长，愿乘风以破浪，树己身为巨木，荫荒原之一隅。

也许《感恩的心》放了太多遍，"要感恩"的教诲听了太多遍，以至于我们都对它有些倦怠。但是感恩，依然是我想告诫自己，也与大家共勉的。

感恩是不把他人的善意看作理所当然，更多的发现生活的美好，从而对生活充满感激之情。一句冰冷的言语、一个残酷的事实，可能对我们产生伤害，但这并不意味着我们要否定生活。父母的辛苦，老师的耐

心，同学的宽容，陌生人的善意，这些如果不被我们当作理所当然，而是感激地接受，心中就会明亮许多。

心怀感恩，望着缺月感激的是曾经的相遇，用荆棘也能织成冬袄，苦酒里也能品出春天。

我相信每个孩子都是一个能开花的种子，每个人都能找到自己的舞台。

在我看来，这舞台不一定要附加上社会所定义的成功的诸多元素，平凡而又闪耀，对每个人来说已经是梦想的道场。

当我看到不同的人们在自己的领域施展才能，听见买菜老婆婆一副好嗓音，看到汽修班老师一手好书法，都会为他们而激赏。

我希望我的人生也有属于自己的舞台，在人生的画布上涂抹彩虹之色，生命不止，攀登不息。也祝愿每一个人在自己的舞台上放射光芒，当然，也不要忘了台下默默支持你的人，不要忘了为更多人带去欢笑。

青春，高中如是，大学亦如是：胸涌黄河，气贯长虹，攀登永无止息！

应试教育？ 素质教育？ 孰是孰非？

> 所谓实践是认识的源泉和归宿，此言不虚。许多知识，如果我们在课本、在试卷上见到它们，它们也许只是几个文字、几张图表，总之是没有什么切身体验的东西。但如果我们惊喜地发现，这个知识原来就在我们生活中，我们用得着，曾用过甚至经常用，只是不自觉，那我们对它便会有一种崭新的理解，兴趣也会油然而生。

姓　　名: 朱悦
录取院系: 经济学院
毕业中学: 广东省东莞中学松山湖学校高中部

在当今的社会环境下，应试教育仍然是中小学基础教育的主流，而关于应试教育如何大行其道，素质教育如何遭遇冷落的情况，媒体多有报道，此处不再赘述。但有两个问题是值得思考的：为什么要把应试教育和素质教育对立起来？两者能不能相互促进？

我认为，两者不是对立的，而是相互渗透的。并且，两者可以相互促进，共同促进中学生的全面发展，论述如下。

❋ 教材讲授

实际上，在现行中小学教材中有许多内容都是以提高学生素质为着眼点的。就以中学教材为例吧，人教版的数学教材中，许多数学定理都有详尽的证明，其中涉及许多数学技巧和方法。同时，教材还利用练习题或彩页，介绍了许多超出教学大纲的数学知识和方法，如海伦公式的推导、均值不等式的证明等。而中图版地理教材中，介绍了中心地理论、杜能农业区位模型，以及与之相补充的辛克莱农业区位模型等。在岳麓版历史教材每章节的结尾，都给出了大量的材料要求学生进行独立探究。每科教材都有这种例子，数不胜数，不再枚举。可惜的是，这些闪光的地方，都被老师有意无意地忽略了，他们常用的措辞是"这个不考"、"大家自己看看就好了"。许多同学也抱有这个想法。

　　这便是人为把应试教育和素质教育对立起来的一个例子。确实，这些东西难度较大，往往涉及新材料、新知识、新方法甚至是本学科内未曾涉猎的领域，掌握它们往往需要综合已学过的知识技能，进行深入的思考钻研，比较花费时间，并且在短期内没有什么效果。因此，这些东西就像古代的所谓"奇技淫巧"，不受重视。然而，综合已知并努力探索未知，这是相当重要的一种素质。书上的这些内容，显然不是胡乱编选的。它们固然难，但是是建立在已知的基础上的；它们固然新，但要么代表了学科的发展历史或者发展方向，要么对于激发兴趣有很强的作用，总而言之，都很重要。实际上，如果总是按考试范围的要求要求自己，我们反而难以在其范围达到一个很高的高度。我们往往需要稍微超出已知的东西，开拓我们的眼界，激发我们的兴趣，引发我们的思考探究，从而增加我们思考的主动度、频度和强度，不致囿于题海中。这样，我们才能真正提高学科素质。如果一个学生的学科素质很高，只要非智力因素方面配合得当，应试方面自然游刃有余。试想，能综合运用知识探究复杂未知问题的人，会惧怕高考试卷上那些命题点基本都落在已知范围内的题目吗？因此，忽略教材上着眼于学科拓展及素质提高内容的方法，可能是不恰当的。

🌼 知识拓展

学校往往只讲授考试题目及与考试范围相关的知识。即使做拓展，也严格遵从考试的要求，很多时候所谓的"拓展"，只是把以后要学的提前讲授而已。

我认为，我们的学习范围可以做一些其他形式的拓展，主要有以下五个方面。

1. 适度引入大学教材知识

我们常常含混地说，高中学的是基础，大学学的比较深。但问题是，基础和深之间并没有明确的界限。从素质教育的方面来说，引入大学知识的意义和第一点中教材拓展的意义比较相似；从应试教育的方面来说，现在高考试题的命制者都是大学教授，他们的命题离不开他们的学术背景，体现在高考试题中主要就是大学的学术观点和学术方法进入高考试题，题目相当一部分出现在高中知识与大学知识的衔接处，许多材料来自于大学教材、学者论文或大学资料馆收藏的历史材料。大学知识包罗宏富，但由于考试大纲的限制，教授们是"带着镣铐跳舞"，他们所涉及的大学内容也就相对有限。因此，在对考试试题进行科学研究后，成功筛选出需要的大学的知识内容并引入课堂，不仅是可能的，也是必要的。这不仅有利于跟随当今命题工作发展的方向，有利于应试，也有利于综合素质的提高。而对于语文、英语这些文科来说，高中该读什么，大学该读什么，界限甚至更加模糊，往往阅读量多的人，优势便大。

我以我自己的高中历史学习为例。从高一到高三，我有步骤、有计划地阅读了大学历史教材，从世界史概述、中国史概述，到世界古代、近代史和中国古代、近代、现代史，再到更小的分段史，譬如法国大革命史、二战史、唐朝史，或者国别史，譬如美国史、法国史、波罗的海三国史，同时还阅读了许多人物传记。由于时间有限，我基本采取了泛读方式（实际上摊到每天并没有花多少时间），再加上信息实在太多太复杂，到现在，也许我只记得读过的全部的百分之几，但对于考试是完全够用了。到后来，题目中的许多材料，我都发现我曾"一睹芳容"；题目中的许多观点，都已不再新奇。到了高三，我只需要把老师的课堂内容整理一下，偶尔做题保持"手感"，注意非智力因素，历史便基本可以考九十多分。历史如此，其他科目亦然。也许其他科目的大学教材可读性没有那么强，更加难懂，但我们不需要也不大可能完全掌握。只需观其大略甚至只留个印象，这些东西便都可以成为高中考试领域内的"大规模杀伤性武器"。用高阶知识对付低阶考试，快也。

2. 向生活方向拓展

所谓实践是认识的源泉和归宿，此言不虚。许多知识，如果我们在课本、在试卷上见到它们，它们也许只是几个文字、几张图表，总之是没有什么切身体验的东西。但如果我们惊喜地发现，这个知识原来就在我们生活中，我们用得着，曾用过甚至经常用，只是不自觉，那我们对它便会有一种崭新的理解，兴趣也会油然而生。

举几个例子：买一本时尚杂志（中英文皆可），记下上面的描述性的形容词，我们会顿时发现，我们的词汇量扩大了许多；买一瓶阿萨姆奶茶（化妆品、药之类均可，选择阿萨姆奶茶是因为其配料表上列出了一大堆化学物质），把配料表里化学物质的分子式都写出来，恐怕效果不比在课堂上做一大堆此类练习要差；买一张当地的地形地貌图，仔细研究一下，算算比例尺，设计一下路线，周末去踏踏青，亲眼看看几种地形，在脑海里想象一下所见地方的分层设色地形图和等高线图，效果应该也会比干巴巴的讲解或者毫无生命力的图表要强；做一个研究性学习，然后亲手用 SMSS 算一下方差，应该以后方差、标准差的题目都不会再出什么大问题了。

这种例子太多了。毕竟，身处漫漫书海，要把一个知识记上几年并且能够在高强度的、紧张的环境下淋漓尽致地施展出来，确实不容易。把这个知识抓在手里，用出去，应该会比只存在脑里要强。

3. 多向拓展

我们学习的知识主要包括概念和各种定理法则。从我的理解来说，倘若要掌握的是一个概念，那对其的掌握也应该包括以下几个方面：主流的含义、相关定理和法则、含义的历史含义和前沿发展。倘若要掌握的是一个定理，那对它的掌握包括五个方面：含义、推出方法、正向运用、逆向运用、由其猜想或推出其他定理。并非我们所学过的每一个知识在我们能力所能企及的范围内都有这几个方面，但大多数知识是有的，我们应该尽力去找出这几个方面。我们常常忽略的某些角度，命题人却不会忽略。

就以这两年的广东高考题为例。2011 年高考文科数学试题，倒数第二题考了等比数列求和公式的逆运用。尽管在试卷开头已经将这个逆运用给了出来，但由于大家思维的惯性和钝化，这道题目还是难倒了一片人。而在今年高考文综试题，历史的最后一问便是考察几个概念的历史沿革（结合了历史知识和生活常识进行考察）。因此，我们可以看出，试题在命制时，对于知识的把握并不局限于知识本身，而是知识与要求范围内的技能的结合。而这些技能，如类比与推理、逆向思维、分类讨论，也可以说成思维的全面与创新，在某种程度上说，便是思维素质的提高。

因此，如果我们要真正达到学习的目的，就必须在知识和素质方面得到提高。即使仅仅是为了考试获取高分，我们也必须如此。死记硬背的日子已经过去了，对"双基"的熟练掌握和综合运用日益成为主流。即使仅仅对考试来说，知识本身也已不成其知识，唯有知识与必需素质的结合，知识才成其为知识。熟练掌握知识，是应试教育的拿手好戏。

提高素质，则素质教育更为在行，只有两者相辅相成，相得益彰，我们才能真正达到学习的目的。

4. 双向拓展

这里的双向拓展有许多含义，有一些在上文已经描述过，主要有以下这些内容。对于学科，既要向前注目，接触大学知识；也要回头眺望，夯实小学初中知识（君不见每年多少人在语文试题中小学难度的拼音上折戟沉沙）。同时，既要关注前沿发展（当然不必精通，但应该有所了解），也要了解发展历程。对于概念，也要尽力知今知古。对于观点（尤其是文科），在主流价值观和现行权威观点的基础上，既要了解保守的，也要了解激进的；既要了解中国的，也要了解国外的。当然，同样要尽力知今知古。

这种拓展对学生素质的提高自不必多言，对事物的全景了解和对多种观点的吸纳在很多情况下，都是有助于学生全面认识事物和独立成熟思考问题的，也往往是有利于素质提高的，甚至可以说是有利于公民教育的。同时，这种拓展对应试教育的发展也不无裨益。同样举试题为例。广东的高考试题及各地模拟题常常会引入比较前沿的学术观点，这些观点同我们对历史事件的传统印象并不相符。譬如，我在做题中就曾遇到过以下观点或事实：胡适对五四运动的负面评价，学者对袁世凯、段祺瑞的正面评价，对孙中山在民族及领土问题上的立场的批评。将保守与激进论点同时放入材料，要求分析的题目也曾不时出现。倘若平时完全没有进行过双向拓展的话，做起这些题目来是颇为吃力的。

不仅如此，这种拓展也有激发兴趣的作用。我曾经对酶的概念有所好奇，便去查找资料，发现其定义经历了三个阶段。一开始酶被定义为具有催化功能的蛋白质，后来被定义为具有催化功能的蛋白质和 RNA（这也是我们教材的通行定义），而现在学界则普遍将酶定义为具有催化功能的蛋白质，具有催化功能的 RNA 则被称为核酶。这与我们的课本定义是不相容的。我和几个同学都对此产生了好奇，去请教了参加生物奥赛的同学，查阅了相关资料，对酶这个知识点的理解也透彻了很多，许多原来的难题迎刃而解。总而言之，这种拓展的好处是多方面的。

5. 在学科的交叉处拓展

许多学科之间互有交叉，交叉处便是又一门学科。譬如，生物化学、计量史学、生物动力学，甚至高中所学的经济概念价值，还可以用物理中热力学的概念的熵来解释。在这些地方适当拓展，往往能同时带动两门或多门学科的复习工作，事半功倍。这也能有效地开拓我们的眼界，打开我们的思路，激发我们的兴趣，也有利于树立学科交叉的学习和研究观念，促进大学的学习。因此，其好处也是多方面的。

非知识性的学习内容

我们体育素质、美学素质和劳动素质仍然需要进一步提高。所谓德智体美劳全面发展，智力素质的培养自不用说，是绝对的大头。而道德素质教育由于党和政府的重视，得到了社会各界的支持，资源十分丰富，手段也很多样，同时学校本身也有许多道德教育活动。但体美劳在当前学校生活，尤其是初中毕业班及高中的学习生活中，受到了不应有的轻视。实际上，体美劳既是综合素质的体现，也和应试密不可分。

1. 体育素质

体育素质对于综合素质的提高此处不再多言，其对于身体素质、团队合作能力，以及领导能力的提升作用都是很明显的。但它对于应试的作用则少有人提及，以致许多学校的体育课干脆被取消。许多时候，合理锻炼对应试能力的提高程度被低估了。在平时学习过程中，适当锻炼有利于调节人的心情，缓解压力，同时增强脑部供氧和血液循环的顺畅

程度，进而提高人的学习效率。在复习阶段及考前，平时身体素质较好的同学身体出现异常状况的可能性相对较小，这对于目前的高考来说尤为重要。最后，某些对抗性的体育运动可以为参与者提供一定的紧张体验（尤其是在校运会中），这种承压体验对于应试也是有积极意义的。因此，许多时候，以复习备考的名义将学生排斥于体育锻炼之外的做法有待商榷。

2. 美学素质

提高美学素质对应试能力的提高的作用同样是多方面的。对于某一学科的美的感觉，是推动对这一学科持续深入学习的有力保障。从美中而来的兴趣，许多时候都比较持久，比较稳固。同时，这也有利于筛选出对某一学科有特殊兴趣和超常能力的学生进行专门培养。他们的数量可能不是很多，但真正的有才者，贵精不贵多。不仅如此，对于美的感知能力和不懈追求，对某些学科的能力技巧的培养有重要作用。数学中许多题目的顺利解决，都离不开对称这一具有特殊美感的形式。最后，在某些题目，譬如语文的文学类文本阅读试题及古典诗歌鉴赏试题中，命题者常常直接考察审美技巧和知识。具有美学素质的人在面对这些题目时，由于其敏锐的感知和独特的理解，会更从容自如。

3. 劳动素质

提高劳动素质的好处与将知识内容向生活方向拓展，对应试的积极影响颇为类似，此处不再赘述。举高考为例，从另一个角度理解高考，它并不仅仅是一次考试。对高考的复习备考是一项长期的系统工程，其范围也不仅仅局限于知识领域。宽泛地说，它其实是一次全面的考察，并非仅仅是知识的问题。我们的性格、习惯等许多因素都直接或间接地影响了我们的最后成绩。从这个意义上来说，发挥劳动对人的正面塑造作用，在一个大的时间跨度内综合提高人的素质，培养良好习惯，塑造优秀性格，同样是有重要作用的。

因此，我认为，从上述几个方面来说，应试教育和素质教育是可以实现某种程度的交流、渗透甚至融合的。将两者简单对立起来的看法在许多时候是不科学的，两者都有必要。应对其兼收并蓄，互取所长，积极探索新的教育模式，使两者更好地调和（在现阶段主要是在应试教育中更恰当、更科学地引入素质教育的内容），使学生在各个层面都得到真正的提高，真正实现个人的全面发展。

步入燕园 开始新的人生

> 在培养个人兴趣爱好方面，我感到很幸运。因为我的姥姥姥爷和父母在这方面对我采取"放任自流"的态度，从不强迫我学这学那。当他们发现我在乐器和绘画方面既无兴趣也无天赋的时候，便及时停止了在这些方面对我的培养，而且毫不犹豫地支持我在舞蹈和体育方面的学习，从而使我的特长能够得以发挥。

姓　　名：张晓萌
录取院系：经济学院
毕业中学：北京市第二中学
获奖情况：2012 年北京市三好学生

　　每个参加高考的同学都怀抱着一个考入理想大学的梦想，而我的梦想是考入蜚声中外的顶尖大学——北京大学。所以当我收到北大录取通知书的那一刻，梦想成真的感受真是溢于言表，多半是兴奋，但多少也有些出乎意料的平静。

　　在得到老师、家长、同学和朋友的祝贺后，我的心情更加平和。回想起前几年，特别是高中三年走过的学习和生活之路，真是思绪万千，既有付出的艰辛，也有获取知识的快乐，更有许多值得肯定与发扬的东西，或许可以称得上是成功的经验吧。趁北京大学举办这次新生征文活动的机会，把我的一些经验写出来与大家分享。

培养好的学习习惯越早越好

好的学习习惯和生活习惯的养成，对于一个人的健康成长和全面发展有着至关重要的作用。从读小学起，我就比较注意上课认真听讲、作业认真完成这两个环节。所以打下了比较扎实的基础，考试成绩一直名列前茅。到了中学以后，学习的科目多了、难度大了，除了保持上述两点做法外，还要注意记好课堂笔记和课后整理笔记这些环节。特别是高二分入文科班后，我在记笔记和整理笔记方面下了更大的功夫。我的各科笔记重点突出、系统、字迹工整，受到老师和同学的称赞，并在同学间传阅。在学习的过程中，我不是死读书，而是在掌握重点知识的基础上，结合我平时在看书及与家人、同学交流中积累的知识的基础上，拓展知识领域，从而加深对课本知识的理解，避免死记硬背，做到活学活用，取得较好成绩。对于立志学文科的学弟学妹来说，这一点是尤其重要的。

我的数学成绩不错，这得益于我上课认真听讲，再有就是我在完成数学作业时能够做到"苦思冥想"，难度再大的题也一定要自己想出来为止。我的英语成绩在班里一直十分突出，这是由于我在掌握英语单词方面一是词汇量大，二是运用灵活，一个英语单词往往有多个意思，能派生出多种词性的单词，也与其他单词有着多种搭配关系。这样，记住了一个单词，就等于记住并会使用几个单词。我的英语语法基础也比较扎实。另外，我更喜欢阅读英文小说，看英文原版电影和电视剧，这对提高英语阅读能力和口语水平大有裨益。总之，我在学习方面，注意提高单位时间内的学习效率，从不耗时间，即使是在高考冲刺阶段，仍保持 11 点前睡觉的作息时间。由于睡眠充足，次日的学习效率就高，考试时头脑也清醒，因此总能稳定发挥，偶尔还有超常发挥。

我的另一点体会是，一定不要仅仅把学习当作一项老师和家长分配

给自己必须完成的一项"任务"，更不能把它看作是一件苦差事。在学习的过程中，试着培养自己对知识的热爱，享受积累知识带来的充实与快乐。我在学习语文课的古文古诗时，常以欣赏的态度来学习，从而感受到中国语言文字不可言喻的优美，以及作者忧国忧民的情怀和对自然的赞叹，受益匪浅。再比如，我在学习政治课"经济生活"中有关投资理财和纳税的部分时，常联系自家情况，学习起来不但不觉得枯燥，反而觉得津津有味。在学习英语时，我常常把英语和汉语作比较，体会两种语言的不同，即汉语的优美和英语的简练。综上所述，我的经验是培养对学习的兴趣可以使你从被动学习逐渐转变为主动学习。从小处说能够提高学习成绩，从长远看能够培养自己成为一个热爱知识，终身学习的高尚之人。

🌼 家庭氛围和就读学校帮助我在学习中成长

我的家是一个三代同堂的五口之家。从出生那天起我就同姥姥姥爷和爸爸妈妈生活在一起。姥姥姥爷都是普通的知识分子，他们一生工作勤勉，为人清白，退休后便将读书、看报当作最大的爱好，这对我有着潜移默化的影响。爸爸妈妈工作任劳任怨，生活态度严肃，都是工作中的骨干，在做事认真、待人诚恳方面是我的表率。在这里要着重说一说的是我的姥姥，从小她就陪伴在我左右，对我付出了极大的关爱。她的教育理念比较先进，用她的话说就是老年人要"与时俱进"。她对我要求严格但不严厉，从不在学习上给我施加压力。我清楚地记得，从小学起，每次考试前她都会对我说："只要你努力了，考试正常发挥，我都会说你很棒。"她不但这样说，实际上也是这样做的。我记得初中时一次期中考试，我在全年级400多人中只考了150多名，但她知道这个结果后，没有指责我，而是与我一起分析考试成绩不够理想的原因，研究今后应该怎样改进。从那以后，我的成绩一直在稳步上升，中考以优异的成绩考入北京二中。在高中阶段我的学习成绩虽然比较稳定，但有的科目也有起伏。姥姥从不因我一次排名第一而过分夸奖我，也不因我一次考试失利而不悦。在没有压力、心态放松的情况下参加考试，我高三一年的成绩才能这样稳定。

还要说的是，我的姥姥退休前一直从事英语翻译工作，她帮助我打下了比较坚实的英语基础，并培养了我对英语的爱好。在语文和文综的学习上她也给了我很大的帮助，使我扭转了死记硬背的学习方法，而是灵活地去学习这几门课程，在这里就不一一赘述了。

还要说的是，初中时我就读的五中分校是一所治学严谨、教育有方的学校，在这里的三年我巩固了自己的基础。而高中时就读的二中，更是一所有着悠久历史和优良教育传统的学校。这里有着优秀的教育资源、民主的氛围、丰富的社会活动，使我的高中三年在快乐中度过。我要感谢教育和培养了我的老师和家人，感谢他们为我付出的这一切。

培养多种兴趣爱好，使生活更加丰富多彩

我的学习成绩不错，但我绝不是一个只会读书、性格刻板的人。我永远是一群同学中笑声最爽朗、笑脸最灿烂的，因此老师和同学们都非常喜欢我。这种性格一方面有先天和家庭的环境因素，但更多是后天形成的。

我记得 5 岁那年在参加幼儿园举办的六一儿童文艺汇演时，被舞蹈教育家郑丹老师选中，从此便跟随她学习民族舞。由于我对舞蹈的爱好和一定的天赋，虽然在练习基本功的阶段有些累，但我认为总体上还是十分有趣。我的妈妈在这方面给了我极大的支持和鼓励，不管严冬酷暑，她都风雨无阻地送我去学习舞蹈。随着我对舞蹈这门艺术理解的加深，加之多年的刻苦练习，我的舞艺逐渐提高，从众多习舞者中脱颖而出，常担任领舞的角色，还曾赴德国、奥地利、意大利和埃及参加演

出，也曾在国内的舞蹈大赛中折桂，还参加了央视举办的大型文艺晚会，与众多歌唱家、舞蹈家们同台演出，并受到中央领导人的接见。直到高三时因学业较重才中断。高考一结束，我又恢复了舞蹈练习，老师夸奖我基本功扎实，今后在这方面定会有更大的发展空间。

除了舞蹈以外，我也十分喜爱运动。滑冰、游泳等都是我的爱好。我也爱观看电视转播的一系列体育节目，比如 NBA 赛事就是我最喜欢的节目，而科比则是我最崇拜的球星。

在培养个人兴趣爱好方面，我感到很幸运。因为我的姥姥姥爷和父母在这方面对我采取"放任自流"的态度，从不强迫我学这学那。当他们发现我在乐器和绘画方面既无兴趣也无天赋的时候，便及时停止了在这些方面对我的培养，而且毫不犹豫地支持我在舞蹈和体育方面的学习，从而使我的特长能够得以发挥。

广泛的兴趣爱好使我的生活不再只有学习一项，而是变得丰富多彩，使我的性格更加活泼开朗，使我成为一个阳光的人。我真正感觉到生活是如此美好，人生是如此幸福。

最后我想说的是，感谢北京大学录取了我，圆了我成为一名光荣的"北大人"的梦想。但我知道，步入燕园应该是我的生活一个更高的新起点。短短的四年学习生活也许很快就会过去，因此我要加倍珍惜这段宝贵的时光，充分享受中国最优质的教育资源，在学习和实际生活中历练自己，为今后漫长的人生之路打下更加坚实的基础，从而实现自己的人生价值。

我的高中生活

其实，我是并不赞成一心学习，做一个书呆子的。我的美术老师跟我说过一句话，不要做太听话的孩子，你完完全全地听一个普通人的话，今后就只能成为一个普通人。

姓　　名：国颖函
录取院系：外国语学院
毕业中学：天津市海河中学
获奖情况：全国英语竞赛二等奖

十年寒窗苦读，终于用自己的努力换来了回报。然而，在学习这条路上，也并不是努力就一定会取得成功，同样重要的，还有学习方法。

❀ 各科经验谈

最应该重视平日里点滴积累的，当属语文和英语这两类语言学科了。语文是要多读书，培养自己的语感，而写作能力也在阅读中慢慢积累和养成。要读书，更要读好书。高中时的名著导读中有四大名著之一的《红楼梦》，在我们大家都在看第一遍、第二遍的时候，班里有位同学已经看了七遍，她读书的量虽然不会在平日的交谈中表现出来，但考试时遇到《红楼梦》名著导读的题时，她的答案比标准答案更完美。英

语除了课上学习的语法，更重要的是单词的积累，因为不论是阅读、完型还是写作，都离不开对单词的认知和运用。把单词掌握好以后，做大量的阅读训练就可以了。说到背单词的技巧，我个人习惯先背下单词的中英文意思，再根据读音记拼写，第一天晚上背好以后，第二天早上和今后几天不断重复，还要找机会去运用，这样才能算是真正的掌握。

说到理科的学习，虽然我不精通，但也略微知道一些，像物理和数学这样的科目，首先要理解并记住老师上课所给的公式，然后做题时在题目中把已知条件和公式对应起来，从而以清晰的思路求得未知量。当然了，做一些经典的例题也是必要的。

提起文科，很多人总是不屑地说"不就是背吗，我才懒得背"。我承认文科需要背的东西比理科略多，但光背是没法解决问题的，而且也记不住。若想学好文科，首先是要理解老师所讲的和书本所教的内容，然后顺其自然地就把东西记住了。比如历史，当自己搞清了经济基础决定上层建筑，某个时代的经济发展决定政治和文化的发展以后，再去整理那个时代重大的历史事件，找出因果关系，就能很轻易地记住了。再说地理，很多人说自然地理那部分不好学，其实都是因为基础知识不太扎实，题里需要用什么，脑子里没什么。学习自然地理要紧跟老师的步伐，把各大洲、大洋、山脉、海峡、著名地形区的经纬度都记住，然后理解学习时候的各种原理，做题时看到背景是自己已知的地点，再用原理分析，很快就能得出答案。

最后，无论是哪科的学习，都要做好预习、复习工作。认真完成作业，多和老师交流，学会整理笔记，找到适合自己的学习方法，调整好学习心态，从而提高效率。

✹ 良师的指导

高中三年大部分时间都是在学校度过的，那个由老师和同学们构成的集体几乎已经算得上我的第二个家了。当然，在学校的学习并不仅仅是考试所需的内容，老师们的一些先进的教育理念也潜移默化地影响着我们，那些理念很可能在不经意之间就改变了我们的人生道路。首先要提的是教务主任蒋倩老师经常爱说的话"有些同学家长总爱问'你们的升学率是多少'、'平均分能考到多少'，但是你们要明白，升学率、平均分都是由别人创造出来的成绩，并不是你自己的，你想获得什么样的成绩，只能自己去争取。"于是我们恍然大悟，自己总在关注的平均成绩只能代表总体的水平，想要了解自己，只能纵向地和自己的过去比较；想要拔尖、想要超越，只能依靠自己的努力而不是班级的水平，如此，我们便能够创造奇迹。

历史老师吕文杰经常跟我们聊天，有一次聊到自己的孩子，她说她家孩子从来不参加课外班，甚至在中考之前，北京有全家人都喜欢的老鹰乐队的演唱会，他们一家三口也赶过去参加，丝毫没有考试前紧张的气氛。这让我们这些成日埋在书堆里的孩子羡慕，却也不解，作为一个家长，难道不希望自己的孩子学习成绩出类拔萃，考上更好的高中吗？老师接着说，我教育我的孩子"我不要求你以后赚大钱当大官，我只希望你从事自己喜欢的职业，并且能够养活自己，保证衣食无忧就可以了。"听完这些话我沉默了，在几乎所有家长都望子成龙、望女成凤的时候，我们历史老师却能够站在孩子的角度，告诉他怎样过才是真正的生活，这是真正的智慧啊——不需要你追随别人的脚步，不需要你完成别人强加的梦想，你只要做自己就可以了。

其他老师亦是给了我们很多学习方法上的指导。例如，语文老师"治懒"——什么时候你能控制你的懒惰，什么时候你才算真正踏上成功之路；地理老师"今日事，今日毕"——今天的任务决不拖到第二天完成；英语老师"效率是一切"——课上效率高，回家就没有作业。这些我们耳熟能详却从来听不进去的大道理被老师们一点一滴地贯彻在平时的讲课与教育之中，潜移默化地影响着我们，帮助我们成长成熟。对

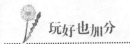

我来说，高中不仅仅是不断提高成绩的三年，更是养成良好学习习惯和学习方法的三年。

✿ 家人的关爱

除去在学校的日子，剩下的便是在家的时候。在这个人生较为关键的阶段，一直是妈妈悉心照料我，她知道我善于自省，成绩不理想的时候会特别难过，从而调整状态更加努力，因此并不对我进行过多的限制和管理，在学习和生活上给我很大的自由。这在锻炼我自觉能力的同时，还使我能够合理地安排学习和娱乐的时间，从而为大学的独立生活打下基础。提到爸爸，更多的则是方向上的引导，他教给我很多为人处世的道理。比如，要学会制订长期和短期的目标，与人相处要学会赞美，等等。更重要的是，在我们都理所当然地以为学习需要投入全部精力的时候，他教会我把眼光放长远，多参加社交活动，提高自己各方面的能力，扩大自己的交际圈。我也确实从那些活动中受益不少，无论是参加演讲比赛还是模拟联合国，都帮助我变得越来越自信；认识的各个圈子的朋友们，也帮我拓宽眼界，让我了解到我所没有接触到的世界的疯狂与精彩，从而给了我更大的前进的动力。

✿ 对基础教育的认识

对于中小学的基础教育，我认为还是非常重要的。回头想想自己从小到大学过的科目，才发觉，它们不仅仅是今后继续深入学习的基础，更是我们每日生活的基础。语文，绝对算得上生活中不可或缺的一部分，无论是平日里的交谈、演讲、阅读还是写作，都需要在学习语文的过程中一点一滴地积累。数学，每次算账的时候总少不了它的身影，快速的口算、心算极大地便利了我们的生活，更重要的是，学习数学的过程中我们锻炼了自己的逻辑思维，这使我们能够在以后的生活中更理智、更有顺序地做事。英语，作为 21 世纪必备的能力之一，其重要性更是不言自明，在全球化浪潮的推动下，有志青年们是一定要成为国际化人才的，英语自然是必备的工具了。其他的科目也同样有用，作为一个喜欢旅游的文科生，我深感地理的重要性，对于走过地方的了解、文化方面的内容需要深入当地去体会和感受，而地域、气候、地形等方面的情况就靠平日上课的积累了。在实地旅行中发现地理现象并且验证已学到的知识，也是对所获得知识和能力的莫大肯定。历史在很多情况下也非常重要，原来只是认为中国史重要，作为一个中国人，我们有责任和义务了解并保护我们的文化遗产。然而一次在韩国的旅行，让我对世界史也有了新的看法。在"三八线"附近参观时，遇见一车英国人，我向其中一位询问此行的动机，他说他因为想了解那段历史，所以过来看看。于是我顿时觉悟到，世界史也可能成为连接不通种族人们的桥梁。

我理解的"基础"，并不只是在教室学习的需要考试的科目。在我看来，所有生活中需要并且经常用到的知识或技能，都可以成为基础。然而基础教育也有不足的地方，比如体育，大多数学生上体育课的目的只是为了考试通过，并不是锻炼身体，有些老师为了省事，也会选择一些不需要什么技能的运动来教授，让同学们没有兴趣上体育，只是机械地重复着总不改变的动作。如此，开设这门课程的初衷也没有达到。众所周知，每届奥运会开场前都会重申奥运精神"更快，更高，更强"，"奥运是友谊、团结和公平的竞争，目的是让我们更加了解对方，并且让队友们更加团结努力取得胜利"，然而很多看比赛的观众只是很功利地赢了就欢呼，输了就骂对方，让人感觉非常没有体德，因此中小学阶段观念上的教育还是非常重要的。再比如法制，我在五年级时曾上过学校开设的法制课，只在那时候理解能力还没有达到相应的高度，并不能真正理解法律的内涵和作用，后来由于没有再接触，几乎将所学的内容

都忘记了。这大概也就是现在社会上的大多数人都是法盲的原因吧，没有什么法律意识，连守法都不一定能做到，更何谈"用法律维护自己的合法权益"和"建设法制社会"呢。虽然现状不容乐观，但我们始终在努力着调整与改进，相信今后的基础教育会越来越全面发达的。

谈学习与生活

学业虽不轻松，但还是要适当地放松自己，活得充实自在。一般情况学习日，我是过着两点一线的生活，在家和学校之间来回折腾，当然偶尔我也会在中午跑趟邮局去寄明信片——我的爱好之一。周末一般过得比较放松，写完作业以后有时候在家上网，不能因为学习紧张就和世界脱了节呀；也经常约朋友一起出去看电影，泡图书馆、咖啡厅，逛小店，聊聊自己遇见的人和事，交流一下生活中的小感想。有时候在家里待的时间太长了也会被妈妈逼着出去运动，虽然技术不行，也还是非常喜欢台球、羽毛球和轮滑。但是参加演讲比赛、准备模拟联合国立场文件的那些日子，和上学的时间还是有冲突的，这种时候我会拼命提高自己在学校自习课的效率把作业完成，如果实在完不成，果断放弃以后再补。毕竟，课是天天都在上的，而参加课外活动、锻炼能力、扩大交际圈的机会，只有为数不多的那么几次。事实上，我的选择也是正确的，因为学习成绩并没有因为分散精力被影响，反而是参加那些活动带来的乐趣，让我觉得生活更有乐趣了。跟朋友一起参加活动过后，开起和参加活动时发生的事情有关的玩笑，也觉得欢乐无比。那些宝贵的精神财富值得我一生珍藏。

其实，我是并不赞成一心学习，做一个书呆子的。我的美术老师跟我说过一句话，不要做太听话的孩子，你完完全全地听一个普通人的话，今后就只能成为一个普通人。因此他也经常教幼儿园的孩子去看各种画展。这听来也许荒谬，但在我看来，的的确确是一个智者的教育之道。王珞丹也说过一句话，没犯过大错的孩子，做不成大事。学习固然重要，但更重要的是培养出自己的想法，敢做敢闯，敢于通过各种方式实现自己的梦想。奇迹，就诞生在各种别人以为但自己不信的"不可能"之中。

好吧，回到学习这个话题上来。虽然一直以来我在别人眼中成绩优异、学习的道路上一帆风顺，但我还是经受过不少挫折和挑战的，印象最深的是在高一和高三。刚上高中学校就有各种讲座，描述高中和初中有多么多么的不同，那个时候挺相信自己学习能力的，特别不以为然。结果一上课发现"天哪，这些东西怎么那么多那么难"，自己根本接受不了。更受打击的是上课的时候，尤其是数学和化学，老师提问过后，我还没反应过来怎么回事，很多同学就已经抢着把答案说出来了，那个时候都快对自己的智商产生怀疑了。但是我不能服输啊，于是回家赶紧复习预习、做题巩固，不理解的地方课间赶紧去问老师，忙得昏天黑地，然后在忐忑中迎来大考，居然还考出了班里第三的成绩。到那个时候才敢松了口气。

高三也是个接受知识量猛增的阶段，虽然高一、高二把大部分知识都学了，可等到高三复习的时候已经忘得差不多了，因此高三复习不但要捡回之前已学的东西，还要再进行整合提高，任务还是比较艰巨的。当我经过两个阶段的复习，知识水平和答题技巧经过提升后应该稳定下来的二模，却意外地出现了成绩下滑的现象。那个时候不论是老师、家长还是自己都挺着急的，可却不知道是什么原因，也不知道该怎么办，记得当时数学老师一直跟我说"别慌，稳住"。我呢，还是保持原来的状态，听课，完成学校的复习作业和自己的复习计划，看错题，终于在三模的时候又回到了自己原来的水平。后来再和老师们聊到这段的时候，他们都说当时挺担心的。

事实上，我一直以来的心态还是不错的，经过高三那么多次考试的磨炼更是百毒不侵了。最成功的心态应该是在高考之前，一点也不紧张，虽然没有根据传说看看《道德经》，还是做到了无欲静心，在考试中发挥了较好的水平。我想，心理素质还是在于平时的锻炼，经历大风大浪多了，在毛毛细雨中自然能够淡定自如。

最后，我想表达的是，就算别人说的再多，也还是别人的东西，要想自己取得好成绩，还是要有自己的路。

全面发展，活出精彩

现在的综合性大学都好比是一个小社会，为你步入社会打下基础，而在此之前——在中学时期就锻炼自己岂不更好？很多看似小事的活动，说不定都会让你学到受益终生的经验与知识。

姓　　名：周毅成
录取院系：外国语学院
毕业中学：浙江省杭州外国语学校

作为一名外语类保送的学生，我的学习经验比较特殊，可能只对部分同学起到参考价值。但我还是感到非常荣幸能在这里介绍我个人的学习经验。

作为一名学习成绩不是非常突出的人，我有幸能够通过保送进入北京大学，很大一部分原因在于我对于自身的整体发展非常重视。以下，我将从三方面对我的学习生活经验进行介绍。

学习

许多优异的同学都凭借他们独特的学习方法及超人的拼搏意志始终在学校里独占鳌头。对于学习成绩的提高，很多同学都非常头疼。不论是竞赛保送还是外语类保送又或是高考，笔头考试都是不可忽视的，所以无论如何必须要切实地提高自身实力。我的成绩虽不算突出，但经过多年的学习，我发现提高学习成绩方法并不是一味的"题海战术"就能起效果。不断地做题与交流的确可以提高学习成绩，但是这最终会到达一个瓶颈。每个人要针对自身的情况，找出属于自己的学习方法。

如果见到简单题也无法顺利解决，那自然不能怪罪于学习方法，一方面自身可能欠缺一定的努力，另一方面可能是做题习惯不够好。

如果属于欠缺努力的情况，应对措施自然就是不厌其烦地去熟读书上教给你的每一条知识，记住每一个公式，背清每一个定理，同时用心做好老师布置的所有作业，学有余力时针对自己的弱项进行强化（这里所说的弱项，是指平时单元测验时你的单元成绩不好，那么你可以针对这个单元做一些自己的补充）。

如果是做题习惯不够好的情况（通常同学们可能会将其解释为"粗心"），那么你可以找一个笔记本，每次将自己所谓的"粗心"记录在案。题目条件漏读，数字抄错，这些看似是"粗心"的情况，实际上是平时不良做题习惯的积累，考试时便会使自己失去很多分数。这种记录在案的方式其实被许多同学所不屑，认为过于烦琐，浪费时间。但是我在此还是想强调这种方式。只有这么做了。你才能真真正正地看到，你所谓的"粗心"到底是什么问题，不然你将永远用"粗心"这两个字来搪塞自己。而知道自己做题习惯哪里不好了之后，才能对症下药解决问题。

如果真的能在前期用心做好每一题，那么在后期遇到瓶颈时，必然简单题已经烂熟于心，关键在于如何处理真正意义上的难题与需要巧妙思路的题目（以下统称为特殊题）。

对此，我见过的情况大致可以分为两类。

第一类，是见到特殊题时，完全没有思路。这种情况，基本上或者是题目所给的条件过多，条件形式过于隐晦，条件组合过于混乱，或者是完全没有见过的新题型。

　　针对前者，临时的办法是仔细地列出题目给出的所有条件，将它们转化为自己所熟悉的形式，又或是它们其中的一对，或一些条件可以组成组合，推断出隐含条件，然后将所有已知的隐含的条件归好类，或多或少会产生一些思路。之后在一步步的推理过程中，很多题目的思路便会水到渠成。当然，显而易见，这种临时方法看起来十分烦琐，实在是万不得已而为之的下下策。为了防止这种情况出现，平时的预防对策就是认真读题。不论遇到再难的题目，我们也都是从它的题干出发来解决的。所以平时读题的时候，要养成细嚼慢咽的习惯，认真地分析题目的每一句，每当一条题干进入视线的时候，就自然而然地思考"这条题干的等价条件是什么？"、"这条题干可以推断出什么？"、"这条题干与其他题干在一起能不能构成新的有价值的条件？"也许刚开始这么做的时候，读题及做题的速度会变得非常的慢，但是只要日积月累养成这个好习惯，必然是使人受益匪浅的。当最后轻车熟路时，许多看似极其烦琐的问题在读完题干后就瞬间变成极其简单的问题。而针对这一点，平时也可以做一些练习，如果自己的确有这种情况，平时可以特意找一些特别大型的题目（条件特别多，既有文字又有图表等的题目），来训练自己这方面的能力。

　　而针对后者的那些新题型临时的办法就是将题目拆分成小部分。也许一个大论证对于同学来说是极其陌生的，但是构成这个大论证的小论证或许是同学熟悉的，将这些熟悉的组成部分先个个击破，也许看似复杂的大问题的核心就迎刃而解了。因为同学必须要知道——老师不可能会出同学完全不知道的题目，平时那种听完讲解后恍然大悟的感觉，其实只是当时做题的思路在一定程度上钻了牛角尖而已。换一种角度也许一切都会豁然开朗，这种方法在第二类情况当中也有所运用。针对这种情况，平时的预防措施可以是找老师讨求一些奇妙思路的题目。这些看似奇妙的思路，其实很多时候思路的中心就包含在我们平时所学的基础当中。对此我有一种特殊的练习方法，大家都知道数学试卷的最后几题都是有许多小问的大型题目，而后面几问往往需要前几小问的答案来做铺垫。感到思维不够灵活，看到题目毫无想法的同学如果想要锻炼思维的弹性，可以尝试不做前几小问来直接挑战最后一个小问，这虽然是一种极端的做法，但是对于思维的强化的确可以起到效果。

第二类，是见到特殊题时，虽然有思路，但是发现自己无论如何对题目的解决程度只能停留在很浅的深度，凭借自己的能力的确无法解决这个问题。如果在考试中遇到这种情况，那只能够放弃这一类题目。一定要"学会放弃"，如果面对这一类问题不能放弃，那么失去的就不仅仅是这一题的分数，还有整场考试的心态，甚至影响一系列的考试。其实面对选择是否放弃的时候，其实只要默默告诉自己——即便是省状元，也做不到满分，自己又何必强求自己得不到的分数呢？每个人只要充分发挥出自己的每一丝力量就是最满意的结果了。而如果在平时的学习中遇到这种情况，那么一定要对自己所不了解的知识做一定的了解，如果有必要，做适当的练习也是可以的。其实我们现在在高中遇到的很多问题，凭借高中的知识的确是可以一一解决的，但是也有些时候是不计代价的（在考试的时候耗费的就是时间）。而这些问题有时候运用一些更深入的知识——如大学里的知识——就可以使题目变得简单得让人惊讶。这也就是为什么有人说学竞赛的同学在考试时有优势。但是切记，不要本末倒置，我们可以为了适时地走捷径而掌握一些额外的知识（而这些知识必须是同时与我们所学的息息相关的），但千万不能因此而忽视了基础知识的学习。举一个极端的例子，学竞赛的同学因为掌握了大量的高难度知识，在遇到简单问题的同时可能会因此而思考一些不必要的东西，将简单问题复杂化，因此而浪费时间、犯下错误，这是常有的事情。

针对学习，我所能提出的建议仅此而已，也许以上言论有所漏洞，但就我个人而言，这几年下来对于我的这番经验还是有所收益的。有兴趣的同学可以尝试一下其中个别的方法。

社会活动

而在学习生活之余，我们的生活还有许许多多丰富多彩的内容，其中自然包括社会活动。

身在杭州外国语学校这样的一个中学，社会活动是学习生活的一个重要组成部分。毫无疑问的是，我们当然要以学习为重，以社会活动为辅。我在此仅谈谈学校社会活动中的各种思路与方法。

在一些社会活动比较丰富的学校当中（如杭州外国语学校、南京外国语学校等），无论是哪一个想参加社会活动的同学，面对这么多的选择都会有所犹豫。许多活动都充满着诱惑，但毕竟我们分身乏术，所以我们必须做出艰难的抉择。

在此，我以学生会与社团活动会典型例子，谈谈我的看法。

这两者之间看似有很大的差别，但实际上都可以归类为一种管理体系。即领导——干部——普通活动者的管理体系。在学生会中，这就是学生会主席——各个部长——各个部的干事的管理体系；在社团中，这就是社长——各方面负责人——普通社员的管理体系。如果你是一个积极参与活动的人，那么要考虑的问题就是两个：①加入到哪一个体系当中去；②在你想加入的体系中你将要担任什么角色。

当你明确这两个问题之后，你的社团活动就会变得非常有意义——因为你不会浪费你的青春在一些无谓的东西上面。但是，这两个问题不是那么容易思考清楚的，很多时候一时冲动就会让你做出后悔的选择（尤其是社团）。

针对第一个问题，加入到哪一个体系当中去，更多的时候是一种兴趣爱好及特长所决定的。就比如我作为学生会体育部的副部长，一部分原因就是我个人对于体育锻炼比较热衷，同时又对学生会的工作感兴

趣，所以担任这一职务。兴趣的问题更多产生在社团活动中，有时候去参加一两次的社团活动并不能让你收获什么，而你在短时间之后失去了兴趣这一情况又使你浪费了看似很少实则宝贵的时间。所以千万不要因为一时兴趣而做出选择，宁可不选，也要选得有价值！

第二个问题应是得到更多重视的。这个问题对于尚处于发展阶段的同学们来说答案不是唯一的，毕竟我们不是大学里培养出来的专科人才，也没有经过社会的定型化。但是我认为与学习相同的，针对不同的个人情况可以有不同的处理方式。在此我提一些个人的看法。

如果你本来就是一个"多面手"，你当然可以去选择挑战类似学生会主席及社团社长的位置，这对于进一步提高个人素质及充分发挥你对于社团的贡献都是极好的。

如果你拥有一技之长，那么你可以考虑两种思路。

第一种，为了让自己在活动中大展身手，你可以寻找适合你的长处的工作与事物，让自己的光热充分散发，并进一步强化自己的长处。同时也可以让同学们看到你的闪光点，让更多人成为你的朋友。并且经过一番锻炼，这也可以在不可见的以后使你的长处得到更有保障的发挥。

第二种，为了让自己能够成为多方向发展的人，你可以挑战那些你不擅长的事物——这毕竟不是工作岗位——来使自己成为更全面的人。我们在中学参加社会活动很大一个优势就是局限性小，因为许多人都是从零起步的社会活动者，大家从一样的起点起步，每个人都可以尝试不同的活动方式，来充实自己、锻炼自己。相比第一种思路，我更推崇第二种，因为在不可见的以后，你的长处总有发挥的时候。而且只要愿意付出，你就可以得到相应的回报，不存在"你现在不擅长的东西你永远都不会擅长"这种说法。而当今的社会更多需要多元化的人才，在机会充足的中学时期就这样锻炼自己，或许受益终生。

不管选择哪一种方式来参加，得到的结果都将不仅仅是锻炼了你所从事事物的能力，与此同时，也锻炼了你与人交往的能力。现在的综合性大学都好比是一个小社会，为你步入社会打下基础，而在此之前——在中学时期就锻炼自己岂不更好？很多看似小事的活动，说不定都会让你学到受益终生的经验与知识。

当然，不论是从学习中，还是从社会活动中汲取人生的养分，我们所需要的原动力都来源于我们的身体！

体育锻炼

"生命在于运动"，这句 18 世纪哲学家伏尔泰提出的话早已被重复了千万遍，但人们在日常生活中还是经常忽视运动的重要性。现今面对高中生学习的巨大压力，许多同学抱怨难以承受，很重要一个原因就是身体吃不消。陪伴我一起度过高三的同学也在高考前纷纷感慨锻炼身体的重要性。只有锻炼好了身体，才能更好地学习与生活，这是毫无疑问的。而同学们的矛盾在于，锻炼身体要花费时间，而浪费这些宝贵的时间不去学习反而用于体育锻炼似乎有悖于用功学习的初衷。显然这是错误的。

对于体育锻炼，有一个很流行的说法叫做"七加一大于八"。意思就是如果你一天从早上起床到晚上睡觉，除去吃饭行走等时间，你有八个小时去学习工作。假如你在适当的时间抽出一个小时来进行身体锻炼，这将会大大提高你其余七个小时的学习工作效率，总量上将超过八个小时完全学习工作，锻炼身体的重要性不言而喻。

而在此我仅对体育锻炼的内容说一些个人建议。

长跑作为一种锻炼心肺功能的运动，对于学习时所需的那种平心静气的状态是有所帮助的。我是一名长跑爱好者，在校期间每周会跑大约一至两万米的距离。如果心态浮躁，偶尔尝试一下长跑，跑时听一些舒缓的音乐，这会迅速让自己的心态趋于平稳，对此我屡试不爽。

而如果你平时在学习生活中更大的问题是心理压力大，那么你将需

要一些激烈的运动来释放自己的压力，如篮球、足球等运动量大又对抗性强的运动，一次大汗淋漓之后你会发现内心舒坦不少。

其实运动内容貌似与学习无关，但经一番分析，实际上两者是息息相关的。我衷心地希望各位同学们能在拥有好身体的同时，快乐地学习着。

话说到这里，也已基本到了尾声。我所说的全面发展大致就是以学习为中心，以体育锻炼为基础，以社会活动为辅助的多方向发展方式。这种发展方式既可以丰富中学生活，让自己学习之余有所事可为，又不乏意义，帮助自己在另一方面进步。

以上所言可能有疏漏之处，还望多多包涵，希望能对各位有帮助作用。

课外学习

> 不知是COSPLAY让我明白了更多，还是为了COSPLAY我明白了许多，高中三年来的道路我越走越顺利，越走越光辉，越来越接近我心目中的英雄。我可以让人依靠，我可以被人仰慕，我可以独当一面，我可以在十多位教授面前从容地说出我的观点。

姓　　名：朱灵

录取院系：外国语学院

毕业中学：江苏省南京外国语学校

获奖情况：中国中学生作文大赛"恒源祥文学之星"全国一等奖

第六届全国中小学生创新作文大赛江苏分赛区一等奖

第六届全国中小学生创新作文大赛总决赛三等奖

第十五届全国中小学生绘画书法作品比赛绘画类一等奖

我在中学里一直都不算成绩最好的人或那几个人，所以到高二之后才想过我也有获得北京大学保送名额的机会。在校内获得这个名额我依靠的也不只是分数，还有老师和同学们对我的特长的肯定，对我在南京外国语学校全面发展的肯定，和对我学生会工作、班干部工作的肯定。

好在父母和老师从来也没有要求过我去争取分数上的第一，他们总是尊重我的兴趣和爱好，愿意倾听我的意见，我认为这样宽松民主的学习氛围让我得到了更好的发展。能在保送考试中脱颖而出，大概是因为我的分数达到了要求，北大的老师们也认可了我的个人素质与修养。若是我的个人修养有那么一点值得认可，一定得益于我丰富的课外学习。良好的学习习惯是同学们所共有的，而我的课外学习则一定有特别之处。

绘画的视角

我从三岁一直学画至今，绘画已经成了我生活乃至生命中不可或缺的一部分。在幼儿园里拼毛线花时，老师觉得我的"小人"拼得特别好，于是要求我的家长带我去学画画，真是感谢家长在那个时候"从善如流"，带我去当地少年宫报了儿童画班。坚持下来十多年当然是因为发自心底的热爱，练就了坐在画架前几个小时乃至一整天的定力，也临摹了不少名画。当然，爱美术不只是机械地提高绘画的技术，真正的作用则是艺术修养的提高。有一次和同学出去玩，只有我发现了好友身上配饰的轻微变化，大概是长期画画能让人观察力变强吧。平常看电影时，我也能注意到更多的细节。另一方面是美术打开了我的视野，许多名画都刻画了某个历史事件或神话情节，从画家的视角看也许和书本上大有不同，所以我会通过艺术学习历史、记忆史实。例如，门采尔记录当时社会生活的油画，从上流社会的宴会到不见天日的炼钢工厂，向我们展示了德国统一前后建筑、服装风格，社会发展状况，人们对民族独立的渴望，国民的精神状态等。

独特的 COSPLAY 经历

另一个对我影响很大的爱好是 COSPLAY，这也许不只是个独特的爱好，还是独特的经历。为什么要玩 COSPLAY 呢？COSER 们会告诉你是因为爱。到底爱什么呢？

这就不太好解释了，我就把自己的故事当作案例分析一下吧——我爱英雄，我渴望成为英雄，当我装扮得让你认不出来地站上舞台时，我的英雄梦圆满了。

从考古学研究成果来看，人体穿环（如打耳洞）最初是一种宗教行为——我们在人体固有的七窍之外再开一窍，使我们超越了普通的人，具有了神的力量。我们自己创造的一窍使我们成了超人、成了英雄，这对于现代人来说很难理解，不过我十分神往。同样让人满足英雄幻想的还有纹身，不过最主要的还是依靠特定的服装使人入戏。时至今日，着奇装异服的宗教意义已消失了，如果看见了，许多人会报以冷眼和嘲笑——许多人看见 COSPLAY 表演，不吝于用最恶毒的语言冷嘲热讽，好在不乏不惧嘲讽的 COSER 们，我也是其中之一。我成为 COSPLAY 爱好者的最重要的原因在于服装、假发与神奇的化妆能让我一时觉得：我就是我心目中的英雄。

我的第一套角色扮演服装使我幻想自己是一位勇于献身的骑士。只要我闭上眼睛就能回想起那件粗劣的绿衬衣在聚光灯下泛起的白光。那时我毫无经验，不知道该怎样把我所想所见的用舞台的形式表现出来，不过在我手忙脚乱的表演之后，礼堂里的同学们居然给了我极为热烈的掌声，仿佛这位骑士胜利时比武场上的观众们给他的掌声，彼时我竟不知我是自己还是这位伟大的骑士，在众人的注视中忘乎所以。等我冷静下来，我发现我的体型那么矮小、眼神和动作都不到位，既然大家肯定了我对我心目中英雄的追求，我一定要做得更好。

后来又尝试了几个角色，都是性格很强大的女性，如春丽。与此同时，我的阅历也让我明白了我的英雄们的心情与选择。她们也许看似柔弱，居然那么英勇、那么值得信赖，连孤独的样子都悲壮得让我倾慕不已！扮演她们已不只是为了表达我的爱了，我多么希望有朝一日能成为她们的一员！于是我的朋友与我在 2010 年 12 月将黑岩射手搬上了学校的舞台。虽然只有两个人的表演略显单薄，但是我们充满热情的歌舞与魔术甚至打动了从未看过动漫的教师评委。几天之后的元旦晚会上我们又在主席台上简短地演了一场，12 月 30 日晚上露天的操场周围气温绝对是零下的，我的搭档露出的后背与小腿被冻得泛出淡紫色的血丝来。我的情况大概更糟一些：敞开的皮风衣下穿的是比基尼，身上简直没有一处不泡在寒风里，偏偏假发又长又重，压得我抬不起头来。第二天我就感冒了，我搭档的腿上冻得长了冻疮。一年多过去了，还是时常有人向我们提起那个冬夜，再一次赞叹那时的我们多么传神、多么精彩，仿佛让他们看到了幻想中的故事。我已经记不清我们用了多少时间练习那段镜面动作的舞蹈，如何习惯于穿着高跟鞋自信地大步踩下去，如何像故事里的两位主角一样，从形影不离到略怀不满却不说出口，但愿我们会永远记住我们如何把我们的梦带入现实，如何点亮了他人的梦，如何让我们的生命在夜空下闪耀。

不知是 COSPLAY 让我明白了更多，还是为了 COSPLAY 我明白了许多，高中三年来的道路我越走越顺利，越走越光辉，越来越接近我心目中的英雄。我可以让人依靠，我可以被人仰慕、我可以独当一面，我可以在十多位教授面前从容地说出我的观点。几乎连我自己都忘了初中时那个总是被人拒绝、被人厌弃，从来没有机会在大场面里出现的我——我的英雄梦在不知不觉中已经在现实中实现了，我更乐意认为通过我的努力，我越来越像心目中最好的自我。

想想计划中我要扮演的人物还有那么多，我就知道我又有更多想具备的品质、想赢得的荣誉。由于自身条件有限，我注定不会成为最出色的那批 COSER 之一，但我依然充满了爱，因为 COSPLAY 帮助我成为了更优秀的人。

❀ 坚持不懈的体育锻炼

体育锻炼也是不可或缺的大事，无论学习多么紧张，母亲总会督促我锻炼身体。每天晚上我们都要坚持练习长跑，因为身体是革命的本钱，所谓磨刀不误砍柴功，更为健康的身体可以抵挡更大的精神压力。当然体育锻炼也是意志上的磨炼，只要一直坚持下去也能在平凡中感受到伟大，就连我这样身高不足一米六的人，也能多次在校运会上获得长跑的金牌，还打破了实心球的校记录。竞争的快乐与不断超越自我的渴望如此鲜明，能让人在汗水与疼痛中激昂、向上，在运动中用心体会，回到学习中也能获得更好的心态。

本该介绍学习方法，我却写了一大堆和学习无关的杂事。可是我实在谈不上有什么与众不同的学习经验。参加高考的同学们比我细心得多、善于总结得多，竞赛类保送的同学远比我更善于钻研和探索，但是我对即将与他们在同一所学校里学习丝毫不感到自卑，因为我相信我在课堂以外的学习中所获得的能力。

附：部分绘画和 COSPLAY 作品

追梦北大

练专业的孩子是没有童年的。我每天上学在学校就要赶完作业，回家路上缠指甲，回家就要练三个小时的琴。在我还没有理解音乐、理解每个作品的情感时，我只是练，所以经常会有很多偷懒的邪恶想法，比如偷偷把指甲藏起来啊什么的，哪晓得妈妈二话不说就带我去买新的，接着练。但是，还好有妈妈的坚持，让我的专业基础打得很扎实。

姓　　名：陈思宇

录取院系：历史系

毕业中学：湖南省长沙市南雅中学

获奖情况：湖南省首届音美儿杯古筝邀请赛少年组金奖

湖南省三独比赛高中组独奏金奖

"和谐校园"全国特长生展演民乐组古筝专业少儿组金奖

第七届世界华人青少年艺术节湖南省古筝组一等奖

第十一届CCTV希望之星英语风采大赛湖南省高中组一等奖

中央电视台网络青少年英语口语大赛少儿组金奖

2011—2012年度省级三好学生

第十届全国中学生运动会先进个人

高考后的暑假注定不平常，收到北大的录取通知书后更是如此。周围的人有惊羡，有赞叹，还有人说我怎么那么好运……我自己也时常在想我也许是幸运吧，但那幸运一定与我这 17 年的所有积累分不开。

一直是艺术生

其实，最开始我没有学古筝，学的是舞蹈。小学五年级之前就考过了舞蹈十二级。后来学古筝也很偶然，阿姨送了我一台古筝，我就时常自己上去拨弄，妈妈对我的"琴声"生出了极大的畏惧，很快就送我去全市最好的专业老师家里上课。很快，我就走上了这条我一辈子都不会放弃的古筝之路。

练专业的孩子是没有童年的。我每天上学在学校就要赶完作业，回家路上缠指甲，回家就要练三个小时的琴，在我还没有理解音乐、理解每个作品的情感时，我只是练，所以经常会有很多偷懒的邪恶想法，比如偷偷把指甲藏起来啊什么的，哪晓得妈妈二话不说就带我去买新的，接着练。但是，还好有妈妈的坚持，让我的专业基础打得很扎实。

接着我便独自到省城长沙求学了。本来可以上正常的文化班，但妈妈和我都不想丢了专业，于是选择了中央音乐学院附中委培的艺术班，开始了系统的、专业的培训。艺术班的生活想来也很单纯，每天上午文化课，下午专业课，还有乐理、音鉴课什么的，晚上时间是自己安排的。受妈妈的影响，中学我就很自觉了，每次都是缠好指甲第一个到琴房等人开门，直到半夜最后一个出来，有时候实在等不及，就自己把那两扇玻璃门缝隙扒开使劲往里钻，能钻进去！现在回想起来都觉得后怕，那时自己怎么那么敢……有时候，艺术生真心不像大家想象的那样安逸，我已经记不清有多少次午休时间和节假日，我是狂吞面包一路小跑到琴房，只为了练好某一条旋律，也记不清夏天在没空调、没风扇甚至没窗的琴房里，汗如雨下直到谱子都被汗珠浸湿，冬天在冰冷的琴房里手冻得失去知觉，弹琴完全不听使唤也要强忍泪水耐心地一次次重练……更恐怖的是，我从没放松自己的文化课学习，我要自己做得比文

化班的孩子更好。事实证明，这不是不可能。所以，中考后，我同时收到了中央音乐学院附中和本校高中重点班的录取书。

高中后学艺之路就更艰难了，高考的课业繁重，我还曾花高一一整年时间准备托福（口语拿了满分哦）赛达，只为后来因家庭原因放弃的一个留学小心愿，我还要忙学校里的 49 个社团（我是校社联副主席），学艺就只能自己周末挤时间上课，平常插空练琴了，所以我经常是 12 点放学后狂奔去练琴，直到再猛一抬头赶紧去上下午的课，晚饭时间亦是如此。但就是这种最原始的、近乎苦行僧似的生活让我获得了一个个国家级、省级的荣誉，让我站上了央视的星光舞台与世界级大师交流，在湖南卫视快乐大本营的舞台上与"军医大哥"朱之文老师同台，在新加坡国庆汇演的舞台上传播中华国乐，参与湖南省民族管弦乐团、省歌舞剧团、雅礼中学交响乐团等世界一流的乐团……

古筝这条路上，有我深深浅浅、歪歪斜斜的脚印。我想，我会一直坚定地走下去。

🌸 艺特之路

高二很偶然得知了"艺特生"这个概念，正好碰上全国特长生展演大赛组委会邀请，带着试一试的心情去了。但我不是那种对自己宽容的人，要比，我就要比出水平。还好高二时间不算太紧，练琴时间还是很扎实的，每天至少练一个半小时吧，到北京我也没歇着，经常练到半夜，有时怕吵到别人还用布盖着琴练……专业老师也特别贴心地帮我联系了"中国古筝界第一人"王中山老师做指导，于是比赛很顺利也不出意外地拿到了民乐组金奖。一位女评委甚至激动地抱了我，说我是她那几天遇见的最有灵气、最棒的学生……于是，我的艺特之路又多了份前行的动力。不过那次北京之行最令我难忘的还是在北大的那天，我随着一位做义务导游的热心学长到了一棵据说可以帮人实现愿望的"许愿树"前，对自己暗暗说：陈思宇，为了你的北大梦，加油吧。

转战自招

其实高三后我的练琴时间大大减少了，最开始每天还有一个小时，渐渐地就变成半个小时，就在我的艺特考试准备过程遇到瓶颈阶段时，学校在 11 月贴出了北大实名推荐的公示。我当然马上报名参加了，谁知这准备过程真的很艰难。首先是自我申报班级筛选，当我诚惶诚恐地交上一份"呕心沥血"厚达 4 厘米的申请书、简历，以及获奖证书集时，老班望着我半天没说出话来。我只知道，为了心中的北大，什么都有可能。

紧接着是年级筛选了，共有 20 名左右的候选人在年级里公示，每个人都要写一份简历、漂亮的申请、富有感召力的拉票书，最后竟被告知还要贴上靓照一张……想来自己也单纯，想都没想就扯了张证件照往上一贴，每次经过都觉得浑身不自在，很长时间都活在一种自己仿佛被通缉的阴影中……但还好，因为我在学校很活跃，校社联副主席及英语社模联社骨干的身份让我在全校江湖名号不小，所以年级公投里面我很顺利地以第一名出线了。

最令人难忘的终级面试来了，共 5 名候选人。先是极富创意的亲友团介绍开场——我请了最最亲爱的老班，结果爸爸也坚持报名要发言。老班的评价很大气、很镇场；爸爸则是很真诚地向学校介绍我的优缺点，他缓缓地用家乡话说着，站在会议室外的我却早已泪眼迷离……

再就是专家提问——每个人都要抽题，即兴回答。题目类型丰富，涉及领域也很广泛（有留学教育、科技发展、高考制度、诚信问题、移民话题、慈善事业、道德讨论，大学改革等，甚至还提到了北大校长周其凤教授的化学之歌之类的流行话题）都是平时课堂点到则止全靠个人积累的东西。可能我专心读书不够但这些杂七杂八的东西看得比较多

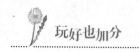

吧，我竟然成了全场最惹掌声的学生，因为我的回答十分真诚不做作，很有创意也不失幽默。总之，一个字，爽。

接下来就是无领导小组的讨论——我们的任务是为即将举办十周年校庆的南雅，拟出三个南雅学子品质风貌的关键词。我们先依次向评委陈述了自己的观点，然后再围成一个圆相互讨论。所谓无领导的讨论，其实就是想考查学生是否有领导力，组织一个集体共同讨论最后得出解答方案。所以，这十分符合我的口味，我也逐渐成了全组的焦点，用清醒的思路、适当的节奏，外加与人交往的亲和力和信服力，赢得了大家的支持，最后很成功地作为发言人交出了小组的方案。其实，现在回头想，这些东西恐怕不是临场练就的，它与我17年的经历分不开。如果不是在南雅团委、社联的三年磨炼我不会有如此表现。

自由聊天——这个环节其实是临时加的，因为学校领导觉得我们几个人比较有意思，而且到这个时候大家已经完全放松，说话很随意了，就随机提问，学生之间也可以补充发言甚至反驳（不建议，我后来在北大面试时同组就有人这样，操作不好就很惹人反感，但如果你对自己的观点很有信心，坚持想说就另当别论了）。大家就你一言我一语地聊开了，但我始终在心里提醒自己这仍是考察，所以谈吐啊，坐姿啊，思维啊什么的仍不能放松。

投票——学校很贴心地请了高中部各年级学生代表旁听我们整个面试，所以在场每个人都要投票，按比例算入我们的总成绩。其实，这对我是很棒的一件事，因为我平时的社团工作和各个年级的人都熟了，几乎大家都很"挺"我。当然，我们候选人之间也是要投票的，建议诚实一点，心里想什么就写什么，真诚也是老师们期待我们应有的品质。当然，最重要的还是学校评委会的投票了，不过那已经是第二天的事了。

于是，第二天，我就看到自己的名字被红灿灿的大纸公示在年级里，我傻傻地站在自己名字前笑了很久。因为，离我心中的北大，又近了一步。

后记

其实高考后的暑假，我时常被问到诸如"怎么学习啊"、"怎么面试啊"之类的问题，说实话，我听多了也开始发晕。这种能力真的能问出答案并从此掌握吗？我想不会的。我们每个人的经历不甚相同，所有展现给别人的素质与印象是练不出来的，它与你读的每一本书、喝的每一杯咖啡都有关。我一直怕自己太功利，做不好事情，所以我逐渐清洗了心态，放轻松。有很多事情不是为某个结果才可以去做，只是你在认真做的过程中该来的机会自然会来。比如说我，直到初中都是艺术生，高中竟也考进文科重点班，本想考艺特又莫名地不经意地抓住了自招的机会。有很多人事后说我学专业完全浪费了，既然没有考艺特，既然可以通过北大自招，就不算对我、我的高考有帮助。可是，我最爱的古筝，真的是浪费时间？我想，有些东西（如古筝、社团）已经是我生命的一部分了，就如同一个器官那样重要，不必想它能否带来什么，只要我爱，就要认真做好。

其实，我从来都觉得自己很普通，真的。我只是从来都很幸运地融入一个优秀的集体，再逐渐成长，像蜗牛一样努力晋升到下一个优秀的集体中去。从小县城到省城求学，然后再向梦想的北大靠近。也许我的适应力很强吧，所以我也有充分的思想准备接受新的挑战。北大，就是个"龙窝"啊，我也许在中间很平凡，但我想就用这种蜗牛一样的平凡，创造下一个不平凡。

个人格言：It is good to be young and stupid.

学习感悟：静水流深。

个人寄语：人生仿佛一次旅行，当每天早晨醒来时，我们确定自己还在这条路上继续前行时，本身就是一种莫大的幸福。

平凡的世界

我相信，太阳每天都是新的，每一次日出，都是希望和梦想的开始；我相信，只要自己飞过，天空中一定会有我的痕迹；我相信，"在人生的某个时候，我们失去了对自己生活的掌控，命运主宰了我们的人生，这是世界上最大的谎言"。平凡的世界里，我也能做不平凡的自己。

姓　　名：王俊

录取院系：政府管理学院

毕业中学：山东省淄博第七中学

获奖情况：2010 全国英语能力竞赛三等奖

2011 全国英语能力竞赛二等奖

在漫长蜿蜒的海岸线上，暮色渐渐地降临。空旷，清澈，洋溢，岑寂。一层层皱纹般的海浪永远持有一种节奏，带着摩擦的力道，铺到沙滩上，消失，又复始。

依然是裸足走在沙滩上，这些洁净的细碎颗粒，被温热的脚底揉搓着，摩擦着。走在静谧之中，看眼前千万年的海水汪洋恣肆，就像千万年来的昼夜般绵延不绝，蓦然间感到自己的渺小。回首望着那串歪歪斜斜的脚印，不由得想起三年前的自己，同样的时间，同样的地点，对清清爽爽的海风发誓，要在平凡的世界中，做不平凡的自己。

这世界是平凡的，就像皓皓明月，灼灼红日，日日东升西落，昼夜无边；这世界是平凡的，就像鹰击长空，鱼翔浅底，年年北徙南迁，穹溟无涯；这世界是平凡的，就像人都要度过自己的一生，从出生、成长，一直走到死亡。但是，我相信，太阳每天都是新的，每一次日出，都是希望和梦想的开始；我相信，只要自己飞过，天空中一定会有我的痕迹；我相信，"在人生的某个时候，我们失去了对自己生活的掌控，命运主宰了我们的人生，这是世界上最大的谎言"。平凡的世界里，我也能做不平凡的自己。

初绽的诗篇（初中篇）

初中时的自己，每天都活在简简单单的快乐里，单纯、天真。想想自己十二年的学习生涯，初中四年却是最丰富多彩的四年，也是我最怀念、最喜爱的四年。

在那金色的四年里，我会每天泡在动漫里，与《棋魂》中的进藤光一起挑战自己、超越自己，在成长的道路上勇往直前；我还会与《寻找满月》中的满月一起展开梦想的羽翼，在艺术的天空里翱翔，凝望达·芬奇、库尔贝、米勒、达维特、莫奈、梵高、马远、徐渭、潘天寿、林可染的背影，我用画笔，勾勒出一个绚烂美好的花季；我还会与《幽游白书》中的幽助一起呐喊，让正义的热血沸腾，时刻铭记真善美。我也激励自己锻炼身体，进入校田径队，还在初三时的校运动会上荣获急行跳第一名，体育中考时 800 米跑出了 $2'48''$ 的佳绩……

在那金色的四年里，我会在一个安静的雨夜沏一壶香茗，浸在暖暖的茶香和书香中。读张晓风，领略自然的纯真、母爱的温暖、细微处触及心灵的感动；读曹文轩作品，回味《草房子》《细米》《青铜葵花》的纯真美好；读《哈利波特》，让思绪尽情地飞扬在充满奇妙的魔法世界里，为哈利喝彩，为正义助威；读韩寒的《三重门》《长安乱》《零下一度》《一座城池》；读汪国真、余光中、徐志摩、保罗柯艾略、丹布朗、泰戈尔的作品；读《边城》《京华烟云》《妞妞》《简爱》《小妇人》……书不会随着时光的流逝而变旧，它们是日出，每一次出现都是夺目。一书在手，静心安神。上下五千年，十万八千里，永恒与断裂，渺小与伟大，弹指一挥间。读书的人，把日子当成书来读，清清朗朗，水滴石穿，内心安宁明净而饱满。书香作伴，此生温暖。

在那金色的四年里，我会积极参加社会实践活动，与伙伴一起体验生活的乐趣：到蛋糕店自己动手学做蛋糕；帮助小区物业除杂草、净化社区环境；到美丽的太公湖、马莲台野炊；参观足球博物馆、齐国历史博物馆、姜太公祠、中国宰相馆（管仲纪念馆）、古车博物馆、殉马坑等，感受泱泱齐风和齐国故都厚重的文化底蕴；调查本地的不文明现象，为"讲文明、树新风"、打造文明城市尽自己的一份力；积极组织参加反邪教活动，收缴邪教宣传材料，并开展了反邪教大签名活动；到山东美陵公司参观污水净化过程，并采集水样、测试 pH 值……

就学习而言，小学、初中的课程都是基础性课程，难度不大，只要认真学，下点功夫，就一定能学得很出色。但说实话，自己那时的成绩却不是很突出。现在看，从小学、初中到高中的飞跃，父母、老师、同学甚至于自己，都很吃惊。小学时，班里一共五十多个人，考十多名是家常便饭；而到初中，在班里虽是"千年老二"，但在年级却常考二三十名，甚至于三五十名，直到初四时才有起色，在四百多人的年级里能够闯进前十名。虽然成绩不是很优秀，但我因全面发展，获得了"书香少年""优秀青少年"等荣誉称号。也正是因为成绩不是很优秀，我才能够时时保持一颗谦逊进取的心，宠辱不惊，不患得患失，这跟我高中三年来能够好好学习、天天向上，高考时沉着应对有着密不可分的关系。在我看来，学习方面，初中阶段只要能够认真完成老师布置的作业、扎实学好课本知识即可，在这个前提下，更应该在青春期蜕变过程中塑造一个好性格，养成好习惯，形成正确的世界观、人生观、价值观，同时要拓展自己的课外知识，积极参加社会实践活动，让自己全面发展。

小学和初中这九年，应当是学会做人的九年。从小就应当学会仁、义、礼、智、信这五种做人的基本准则，养成好的生活习惯和学习习惯，像尊重他人、保护环境等，若有了这些品质和习惯，则会终生受益。

这九年，应当是阳光快乐的九年。有人说，人生宛若一条缀满宝石的项链，而童年是一颗最璀璨的宝石；记忆如同汪洋，而童年是一朵最动人的浪花；生命犹如一棵大树，而童年是一片最美丽的绿叶。童年应该与小伙伴一起尽情玩耍，躺在草地上沐浴阳光、看白云飘荡，听外婆唱小曲儿、讲故事，数天上的星星、地上的小蚂蚁，雨后去采小蘑菇、看小蜗牛，秋日里去树上摘小果子……而不应天天被关在家里做着没完没了的作业或是奥赛题。

这九年，应当是培养兴趣爱好的九年。小学、初中的学业压力不算沉重，且初中是成长的黄金时期，因此，小学、初中在完成课业后应当多多培养兴趣爱好。这些兴趣爱好不应是童年的累赘、家长的逼迫，而应是自己内心所喜欢的。这些爱好，不但会拓展孩子的发展空间、激发孩子无穷的想象力、创造力，而且会成为"心灵鸡汤"，将会是一个人一生的财富。我从小对美术的学习、热爱，对书的喜爱，使我无论何时无论何地都能发现美，感受美，从美感中迸发出对生命的热爱，这对我积极乐观的生活态度的形成有着不可磨灭的影响。

花一样的年纪，花一样的笑颜。初中的岁月宛若一弦泠泠清泉，静静地泫出初绽的诗篇，至纯至美，无限静好。海岸边，迎接未来的青春舞曲，正悄悄响起……

❀ 青春舞曲（高中篇）

我不去想是否能够成功，既然选择了远方，便只顾风雨兼程。

我不去想能否赢得爱情，既然钟情于玫瑰，就勇敢地吐露真诚。

我不去想身后会不会袭来寒风冷雨，既然目标是地平线，留给世界的只能是背影。

我不去想未来是平坦还是泥泞，只要热爱生命，一切，都在意料之中。

——汪国真《热爱生命》

呼啸的岁月总是裹挟着我们一路向前，海水依旧摇漾，海风依旧把每一个角落都吹得那么饱满。

时光荏苒，韶华易逝。无声间，三度花开花落，一千多个日子随风飘零。我似乎还能听到三年前《牧羊少年奇幻之旅》中的撒冷王说道："生活希望你去实现自己的天命。"我知道，高考只是寻求天命的一个站点，走完这段旅程，也只是走过了不平凡的高中，在平凡的世界里，我们，永远在路上。

青春舞曲的休止符已经到来，每个休止的六月，青春都在焦躁。焦灼的等待后，曲终人散，是泪水还是微笑，这取决于高中三年的点点滴滴。褪去坍圮光阴碎片，回望蹉跎岁月痕迹，不禁感慨万千。

1. 科学的学习方法乃第一秘诀

科学的学习方法是青春舞曲的灵魂和核心，也是提高学习效率的灵魂和核心。掌握了科学的学习方法，前面的路再长、再远，夜再黑、再暗，也不会迷失方向。

高中课程的突出特点是学习时间长、强度大、任务重，且高中突出能力培养，注重应用，讲求规范，要求培养缜密的思维。只有掌握了适合自己的科学的学习方法，才能打赢高考这场硬仗。

掌握科学的学习方法首先要养成良好的学习习惯。课前预习、专心上课、及时复习是对一名高中生最基本的要求。

在紧张的学习过程中一要制订计划，牢记"平时就是高考，高考就在平时"，抓紧每一分、每一秒，并实现效率最大化的终极目标。我每天早上骑车上学时都会把前一天学的知识点回想一遍，一是加深记忆，二是提前进入早读状态。"所有的时针都在思考，所有的秒针都在奔跑。"计划是效率的前提。尤其是文科生要记忆的东西本来就多，早读时间根本不够用，对时间的计划和利用就显得尤为重要。

其次要注意细节。细节决定成败。在高考中，每一分都能拉开 n 个名次，尤其是对于尖子生来说，更要注意学习的精细化，每 0.1 分都不能放过。每次考试后都要详细分析考卷，1 分 1 分地争。我每次考完试后都会将自己不该丢的分一点一点找出来，仔细分析原因，一点一点改正错误，这样长期下来，找回来的分数相当可观。

最后要注意改错、注意积累。建立好自己的改错本和积累本，在量变中逐渐提升自己，实现质变。我每一科都有着自己的改错本和积累本，就算是基本能力也不例外。语文、英语的积累，数学的更正，历史、地理、政治的系统归纳，还有基本能力的不断扩充，都给我的分数打下了坚实的基础。

"跛足而不迷路，能超过虽健步如飞但误入歧途的人"。信心、恒心、吃苦精神是取得好成绩的保障；掌握学习规律，提高效率，做学习的主人，是取得好成绩的灵魂。

2. 态度决定一切

态度是青春舞曲的步点。步点到位，舞曲才会多姿多彩。

学习贯穿人的一生。不管是现在还是将来，学习能力都是一个人应必备的最重要的能力。身为一个高中生，必须清楚地知道学习的重要性，摆正自己的位置，端正对学习的态度。

丁肇中曾说："保持高度的热情，是对学习成效的最好保证。"只有好学习，才能学好习。只有做好了"应该做的"，才能愉快地做"喜欢做的"。正如《牧羊少年奇幻之旅》中的骑士所说："你必须永不松懈，哪怕

已经走了很远的路。"静下心来，踏踏实实，在成长的道路上稳步前进。

自信是成长道路上的第一路标。你的潜力远远超过你的想象。"追寻天命的人，知道自己需要掌握的一切。只有一样东西令梦想无法成真，那就是担心失败"。很多时候，不是你做不到，而是你不敢做。"夜色之浓，莫过于黎明前的黑暗"。自信是风吹不散的阳光。相信自己，你能行！

3. 心态和体力与知识和能力同样重要

如果说知识和能力是青春舞曲的节奏，那么，知识和能力便是青春舞曲的旋律。只有把节奏和旋律完美地结合起来，才能舞出绚烂绝美的青春。

体力：高中生活很苦很累，这就要求你必须要有良好的体力，强健的体魄。一方面，要休息好，千万不要打疲劳战术。过度劳累不仅会降低学习效率，还会影响下一步的学习。只有休息好了，才能提高效率，全身心地投入到学习中去。我每天早上最早 6：00 起床，晚上 9：00 上完晚自习第三节就回家，很少上第四节，睡觉最晚不超过 11：30。另一方面，身体是革命的本钱。一定要加强体育锻炼，提高免疫力，保证身体健康。高中课程紧，一生病就会落下很多课，补回来非常困难。我几乎每晚晚二课间都会跟同学一起到操场上跑两圈，强健身体。

心态：高考不是教会我们世界有多残酷，人生有多无奈，高考是为了告诉我们，要有梦想去期待，要用努力去付出，要去爱和我们一路走来的每个人。保持良好的心态，对高三同学来说，尤为重要。紧张的学习中，我常会抽出一些时间来听听喜欢的钢琴曲，翻翻《稼轩词》《京华烟云》等自己喜欢看的书，翻阅梵高、莫奈的画册，放松身心。而且，我常观察周围的事物，或是路边的枫、杨、法国梧桐，或是田野里色彩清爽绚烂的小麦玉米，再或是明如镜的天、清如水的云，又或是晓露晨霜、霞光虹霓。这些再普通不过的事物，总会给我像阳光般无限明亮的幸福感和满足感。有了这些，心情自然就舒畅了，心态也自然就沉稳了。

4. 提高应试能力

应试能力是青春舞曲的画龙点睛之笔，它犹如青春的舞姿，在卷面上呈现出每个人各自独特的青春风采。

应试是一门学问，是对综合素质的考查。应试能力重在平日培养，而不是靠临阵磨枪。有位专家说，成绩＝基本能力考试。有的同学觉得自己学习不错，而每到大考又发挥不出来，主要是应试素质培养不够。从高二起，每周六我们都会进行周测；高三更是如此，后来改成了一周双测，通过不断的测试来提高应试能力和应试素质。正式考试不多，建议平日里要抓住每一次机会，训练自己的应试能力。

在高中三年紧张又刺激的学习生活中，我们痛并快乐着。三年前，我带着青涩稚气和童真的梦想踏入七中校门，朝气蓬勃的脸庞写满了希望。带着心中的光，追逐朝霞，回味书声琅琅；走上朝圣的路，伴随星光，遨游学海书山。一次次考试竞赛，一次次奋力拼搏，一次次磨炼考验，一次次蜕变成长。历经成长的烦恼，遍尝成长的辛酸。一路走来，我知道了什么叫作"坚强"，什么叫作"坚韧"，什么叫作"坚持不懈"，什么叫作"自强不息"。一路走来，"激情燃烧，追求卓越"的光芒照耀着我，"唯有拼搏才有生机，唯有奋斗才有未来"的箴言始终铭记在心。一路走来，我学会了在跌倒时怎样爬起，在困厄时怎样重生……

高中三年，苦中有乐，悲中有喜。坎坷之路使我成熟，追梦之途教会我成长。高一同学要尽快调整自己，以适应高中生活；高二同学要在一点一滴中提升自己；高三同学则要保持良好心态，稳中求进，寻求新的突破，超越自己。曲终人散后，祝愿大家能绽放最烂漫的笑颜。

天才在于积累，聪明在于勤奋。要相信，用心走过的人，永远不会后悔。平凡的世界里，我也能做不平凡的自己。

椿萱情（父母篇）

能拥有在巍巍博雅塔下、融融未名湖边求学问道的宝贵机会，首先应该感谢的，就是我的父母。很感激他们这些年来为我付出的一切的一切。老爸老妈就像太阳一般照耀我，给我光明，给我希望，给我力量。

从小，老爸看重我各方面的成长：美术、体育、学习……他并没有要求我去学，而是鼓励我去学，让我由自己的兴趣出发去学。从线描到水彩到素描再到国画，老爸一直引领着我在艺术之路上前行。虽然后来由于课业繁重，不得不暂时放下美术，但我知道，美术已经融入了我的生命，将会伴我一生。虽不会创作，但只要能从那些绚烂缤纷的色彩、神奇美妙的线条、光影、构图、肌理等中获得无穷无尽的美感，我就满足了。

老妈则是日日陪护我的人。老妈特别注意我习惯的培养，强调专心，比如吃饭时不能看电视；强调身体，比如晚上不能熬夜，生病了马上回家养病不要硬撑，累了就休息等。老妈还是刻刻支持我、鼓励我的人。从初三新加物理、化学的不适应到刚上高一时的不适应，再到考试结果的失利，老妈一直站在我的身边，耐心安慰我，给我温暖，直到我走出阴影。

老爸老妈还有一点让我特别喜欢，那就是从没有给我报过辅导班，也从没逼迫过我去学习。这让我即使在压力最大时，也没有产生厌学情绪。爸妈的理解和支持使我能够全身心地投入到学习中去，快乐学习，享受学习。和睦的家庭，是供给我学业之树苗壮成长的肥沃泥土。

繁星熠熠，大海静静地睡着，远方是一片未知区域。在平凡的世界里，做不平凡的自己路还很长。虽不知前方会是怎样，但我知道，远方，有阳光。

The Secret——秘密

> 我的笔记做得十分工整，保证自己对每一个知识点都能掌握；每一道题我都认真去做；我的草稿纸上的内容和试卷上一样工整以确保运算无误；每一次考试前我都会对自己说，我最棒，我是第一名。

姓　　名：李毛川
录取院系：信息科学技术学院
毕业中学：湖南师范大学附属中学
获奖情况：2012 年全国高中生物理竞赛决赛全国一等奖

在开始正文之前，我想先说几句题外话，关于一件摆在你面前的事，即如何看待经验介绍这件事。我不知道准备看这篇文章的人有多少抱有这种想法，即"别人成功了，所以他们的经验是正确的，我就要学习"，但我想告诉大家，这种想法是错误的。道理简单明了，因为你稍加比较不同人的学习经验，就会发现：有的人按时作息，有的人每天熬夜；有的人说要综合发展，有的人说不偏科的人没有用；有的人建议多参加实践活动，有的人坦言自己没有进过社团但是有自己的爱好并且还不错……大家别乱，我说的是实话，他们就活在我的身边，所以，不同人有不同的方法，适合自己的才是最好的。

玩好也加分

如何学习

与其把这一小节的标题称为"如何学习",不如叫"如何获得我们想要的东西"更为合适,因为这同时也是这篇文章的主题,文章标题"The Secret——秘密"的来源。

我觉得我之所以走到今天,很大程度上归功于"The Secret",这是一个神奇的定律,没错,秘密就是一个定律。传说,历史上对人类有过巨大贡献的人有许多都知道这个秘密,他们保存好这个秘密,直到今天公诸于世——看起来像是迷信。作为秘密的一部分,它还说,世界上万事万物都由这个定律所支配着,只要你明白了这秘密,你便能拥有你想要的一切——幸福、健康、财富。且不管它是否真实,这条件就已经十分诱人,让人迫不及待地想要知道这秘密是什么。但是现在,我不得不先作一个申明,为了让那些不相信玄学家的话的人能继续看下去而不说我只是在这儿故弄玄虚,我必须说,即使下面的内容可能有不科学的地方,但是我在本节结束前会给大家一个科学的解释。

好了,现在是时候把目光投向那吸引人的东西了——The Secret——秘密究竟是什么?秘密是一个定律,它通常被叫作"吸引力定律",它被表述为三个词——thoughts become things(思想变成现实),也就是说,你未来发生的事,全是你自己的思想吸引来的,而你的现状,也是以前你的思想吸引来的。有些人肯定不买账,辛辛苦苦等来一个这样的定律,他们一点儿也不满意:瞧,我这个月的房租还没交呢,难道是我自己吸引过来的?谁不想着过好日子?可是,问题是,很多人一天到晚担心着自己不愿发生的事,自己还全然不觉。就拿上面那个"可怜虫"来说吧,他成天叨念着"房租还没交"的结果就是迟早有一天这事会变为现实,直到房东过来告诉他"你的房租还没交",并把他赶出去。所以,为什么不去多想想自己真实想要的东西呢?他应该想想"我身体健康,有一份自己喜欢的工作,我已经还清了债务,我有许多钱"，每天都这样想，他便会把时间用在努力工作上了，时间已久，这些东西就会到来。

有一个故事是《阿拉丁与神灯》：阿拉丁擦掉神灯上的灰尘，于是精灵出现了，精灵总是重复着一句话，"your wish is my command（你的愿望就是我的命令）"。阿拉丁总是向灯神说出自己想要的东西，他就得到了，就是这么简单。接下来我要说的便是自己的情况了，如果对"吸引力定律"感兴趣的话不妨去看一本相关的书以及电影 *The Secret*。

首先我自己以前是不知道"吸引力定律"的，但是我初中时发现了类似的东西。当时男生之间喜欢扳手劲，我在这种"运动"中逐渐体会到，在你被别人扳倒之前，首先是你的精神上的放弃，如果不是你已经相信你已经输了，你是不会被压下去的。有人会说假如两个人实力悬殊太大，那么即使那个小个子再怎么相信自己会赢，也是不能成功的，但是，我要说，你能够做到实力悬殊时依然相信自己能赢吗？那是你自欺欺人吧。实力悬殊下基本不可能有人会真的做到相信自己能战胜强者，但是你若有办法相信自己能赢，甚至让你的对手都对你要赢得这场比赛深信不疑，那么，你就一定会赢。这就是为什么历史上会出现以少胜多的战役——大家打的就是心理战，乱人军心，则不战而胜。后来看到"吸引力定律"，我便更加相信了这种想法，觉得成功的第一步便是相信自己会赢。我觉得这是成功的基础，不管我想要得到什么，我总会百分之百地相信自己一定可以得到，比如 CPHO（全国中学生物理竞赛）金牌，比如北大的录取通知书。

在我刚进高中时，我就确定了自己升学的方向，我准备靠竞赛来拿到我的录取通知书。与很多不赞成"保送"的人的思维不同，我觉得这种看似功利的思想并没有什么害处，反而给升学提供了更多的道路，不必人人都去挤独木桥，给了我们更多的选择。具体到我的学习生活，我就把自己当作竞赛生来培养了，高一就开始每天晚上 12：00 以后睡觉，一周只有半天多的休息时间。不过我也并不是那种丢掉综合科的人，原

因也不是要给自己留一条后路，而是自己的定位是要成为所有方向上都还不错，在一方面特别优秀的人，所以综合科我也会认真听课。不过我课后很少花时间在综合科上（除了语文、英语），数学、生物、化学的作业我只是花一些下课的时间做一下。高一上学期我还是班上的团支书，常有一些课外活动，所以我们这些竞赛生也并不是一群读死书的人，只不过我们比别人更抓紧时间。

高二便是竞赛生的高三了，因为物理竞赛是高三九月份。高二有一件特别残酷的事情，那就是，有一部分人会被迫离开竞赛组，因为排名太靠后以至于被老师认为无望拿到一等奖。刚进高二时，我的总分在全物理组的排名靠后，老师甚至劝我放弃竞赛，可是我有自己的想法，我坚信自己能够成功，这是一种感觉，我决定和老师交涉，让我继续留在竞赛组一段时间。因为我自认为智商够高（事实上竞赛成功者大部分认为自己有天赋），只要付出与别人同等甚至更多的努力，考试时保持最佳状态，就一定可以超越他人。于是接下来我每天把所有可以利用的时间都用在物理上。我的笔记做得十分工整，保证自己对每一个知识点都能掌握；每一道题我都认真去做；我的草稿纸上的内容和试卷上一样工整以确保运算无误；每一次考试前我都会对自己说，我最棒，我是第一名。我的确得了几次一二名，在光学考试中（共有近十次），我由 13 名（那时组里还剩 13 人）上升至第 5 名。但我依然十分自信，在我看来，第 13 名只是我高一暑假一段时间的状态不佳的结果，它不代表我的实力。那么什么代表我的实力呢？是我的信念——我相信自己能走多远，我便要走到那么远！

在确定自己留在竞赛组后，有一天晚上我上网去物理竞赛的百度贴吧看一看新消息，无意间浏览到一篇文章《记××届集训队》，是一个往届集训队的学长写的文章。这个帖子对我的影响很大，主要在两点：一是说有的人一个暑假就拿了国家二等奖，更加给了我信心；二是介绍了集训队的生活，让我有"梦"可做了。我开始想象自己在集训队的生活，想象在集训队中和来自全国的对物理感兴趣的人一起交流，然后相信这一切都会发生，正在发生。结局就是我真的进了集训队。于是我每天更加疯狂地学习、做题。就这样，高二两个学期，我的学习几乎是到了玩命的地步，至少现在看来是的：每天早上 7：30 到校开始早自习，晚上 6：00 回家，晚 7：00 又开始在家自己晚自习，直至深夜，凌晨 1：00 甚至更晚，算一下最可怕时我每天学习接近十四个小时，同时还要保持身体健康。如果不是坚定的信念，还有什么能支撑这种生活？最终的结果就是大家所看到的，我如愿进入了集训队。

要是你看过电影 The Secret，你会记得有个作家曾经在学习"吸引力定律"时将自己所有想要的东西用文字与图片的形式钉在一块板子上，他称之为"梦想板"。五年后他再次看到那块板子时，发现自己正在自己五年前自己梦想的房子里住着，甚至房子和"梦想板"上的照片一模一样，这时他不由得感动得流下泪来，而我现在的心情也是如此。

最后给这一小节结个尾，我想说，"吸引力定律"是可以科学地解释的：当你一遍一遍想象自己已经获得自己想要的东西，就会不断地刺激你，使你在面对选择时作出使你获得成功的选择，这些选择可能包括现在是继续工作还是去和同学们一起去打球这样的。它使你不顾一切去争取，因为在潜意识里那就是你的东西，如果没有得到等同失去，人人都不想失去自己已得到的东西。这种方式在心理学中最接近的概念应该是心理暗示。

对中学生竞赛的思考

我在前面其实有提到过我是支持竞赛的，这是我对它总的态度。我们举行这场竞赛的宗旨是，让学有余力的中学生在自己喜欢的科目上得到更大的发展，我非常同意，不过我也赞成这样的想法，如让在某一方面有天赋的中学生脱颖而出。

🌸 对于课外生活

我个人觉得，对一个好学生的正常要求是全面发展良好，有一方面优秀，即德智体美劳都达良好，且有突出的地方，各方面爱好兼有，当然也可以没有具体的爱好，如音乐你可以不会器乐但要有欣赏的修养。对于课外时间其他方面的学习会挤占写作业的时间这样的问题，我觉得，这应该自己去衡量。当你觉得作业没有意义而你想做更有意义的事，只要你坚持去做并做出成绩，我想老师也会支持你的。

对于我自己的课外活动，初中时每周末练习跆拳道，高中时每天晚上会活动十几分钟；初中会和朋友一起经常打篮球，高中也打球，不过到高二时主要是羽毛球，每周都去体育馆，放长假时甚至每天去；初中时钢琴入了门，看懂了五线谱，之后没有深入，高中口琴入了门，同样没有深入；高中时参加艺术节表演，以及学校组织的义卖等各种活动，让我记忆深刻；我高一时音体美信息技术、通用技术全部都是 95 分以上，所以我的目标是全面发展优秀，同时有一方面非常突出（物理）。

后　记

——墙里秋千墙外道

北大的精神是永远的，精神的魅力是永恒的。2012级新生稿件的审稿工作已告一段落。从刚刚成为"北大人"的高中毕业生群体中征文，并选出部分有代表性的文稿编辑成书，几乎已成为北大传统。这是一件相当有意义的事儿：刚成为北大人的他们离高考最近，是这场"搏杀"的胜利者，因而最有"发言权"；他们的故事，他们的经验，也是更多正在奋斗的学生和他们的家长、老师渴望知道的。这既是过来人对自己的一份总结和交代，更是对未来者的叮咛和期许。

字里行间，他们用文字筑造了一个绚丽斑斓的世界。这里有梦想，关于博雅未名，关于朱门前的石狮子，只那一瞥就钟情于此；这里有拼搏，争分夺秒，挑灯夜读；这里有技巧，各门学科，见招拆招，于手起笔落间论剑高考；这里有故事，或黯然神伤，或得意欢畅，尽显英雄意气；这里有思考，像快乐的芦苇，在生活中处处歌唱；这里还有感恩，父母，师者，长者，朋友，同学，深情厚谊，山高水长。这里有道不完的精彩。

沉浸在他们的世界里，会感到一股力量正在心中发芽、生长。这些文字都力透纸背。相当一部分的文稿都各具特色，各有千秋。但出于为读者提供更多的信息、更好的借鉴的意图，我们尽量避开了重复的篇目，以求内容的多样化。在此，我们向所有的投稿者表示感谢，没有你们的文稿，就不会有本书的出版。同时，也希望我们提供的文稿能让读者满意，这是我们最大的目标。然而工作量大，力有不逮之处，还请读者见谅。我们欢迎读者朋友提出修改意见，你们的意见是我们进步的动力。"墙里秋千墙外道。墙外行人，墙里佳人笑。"作为编者的我们，想要做的，就是推倒这堵墙，让燕园之外的读者，也能看到其中的风景，甚至最终走进这座美丽的园子。

高考是人生的一道坎儿。进入燕园，确实是一幕完美的收场。但是，生活并非只有高考，燕园也并非代表着终结，而是新的开始。细细品味这些征文，充斥着它们的，早已不是单纯的高考。在高考之外，有着更广阔的生活，比如社会活动，比如兴趣爱好。如果读者朋友能在这些文稿中，看到"围城"之外的东西，那我们编者就倍感欣慰了。

编　者

2013 年 2 月